# LES ETANGS ET LES RIVIERES



**Su Swallow**

**Comment identifier les animaux et les plantes avec ce livre**

Ce livre décrit les oiseaux, mammifères, plantes, poissons, insectes, grenouilles et autres animaux qui vivent dans les étangs et les rivières. Pour identifier une plante ou un animal inconnus:

**1**

Consulte les pages où il est question **des animaux ou des plantes** qui ressemblent à l'espèce que tu as trouvée.

**2**

Si tu ne trouves pas, regarde les pages 28 à 31 où il est question **d'autres animaux et d'autres plantes.**

Si tes recherches restent infructueuses, feuillette les autres pages. Note toujours soigneusement ce que tu vois pour pouvoir l'identifier ultérieurement.

**Texte de** S. Swallow

**Adaptation de**
Michel Cuisin

**Illustrations de :**
John Barber, Joyce Bee, Hilary Burn, Don Forrest, Christine Howes, Annabel Milne et Peter Stebbing, Richard Orr, Phil Weare, John Yates.



Dépôt légal n° 4374

ISBN 0 7460 01150

Imprimé en Belgique

# LES ETANGS ET LES RIVIERES

Ce livre te donne plein de conseils pour observer les oiseaux, les poissons, les insectes, les mammifères, les amphibiens et les plantes des étangs et des rivières. Pour identifier tes trouvailles, regarde à la page 1. Tu trouveras aussi des indications sur la façon de collecter des échantillons pour les étudier chez toi.

**Sommaire**

# Comment observer

Le printemps et l'été sont les saisons les plus favorables pour observer la faune et la flore des rivières et des étangs, car les plantes sont en fleurs et les animaux très actifs. Déplace-toi très lentement et calmement; n'effraie pas les poissons avec ton ombre. Tu verras le maximum de choses près des berges. Examine les lacs, étangs, rivières, fossés, canaux, sans oublier les abreuvoirs et les bacs.

## Ton équipement

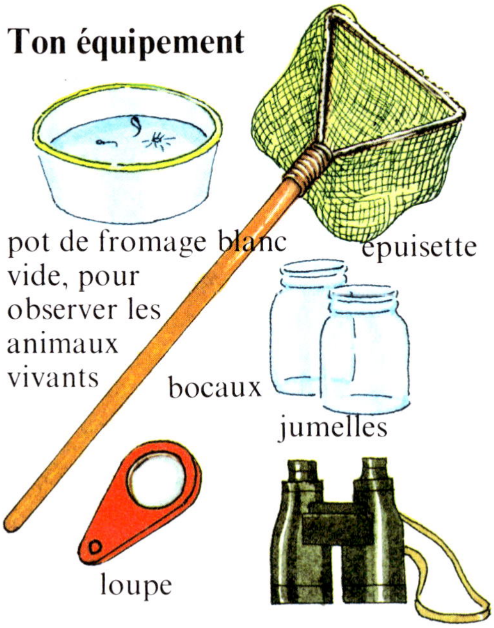


## Étude d'un étang

**Demande à tes amis de t'aider à faire un plan de l'étang. Vous indiquerez la répartition des animaux et des plantes. Faites cette visite à différentes saisons pour noter les changements. Signalez toute trace de pollution. Vous pourrez procéder de la même façon pour un ruisseau.**

## Ce qu'il faut chercher

**Un étang, si petit soit-il, renferme de nombreux êtres vivants, à condition qu'il ne soit ni pollué ni trop ombragé. Voici quelques animaux que tu pourras découvrir.**

ASSIEDS-TOI TRANQUILLEMENT ET NOTE LES OISEAUX, INSECTES ET AUTRES ANIMAUX QUE TU VOIS SUR L'ÉTANG ET TOUT AUTOUR.
ÉVALUE LES DIMENSIONS DE L'ÉTANG. FAIS UN PLAN SUR UNE FEUILLE DE PAPIER.
ÉTABLIS UNE LISTE DES PLANTES. Y A-T-IL DES INSECTES DESSUS?
ENFONCE L'ÉPUISETTE EN DEUX OU TROIS ENDROITS, PRÈS DES BERGES ET PLUS LOIN VERS LE CENTRE.
MESURE LA PROFONDEUR AVEC UNE PERCHE. SI L'ÉTANG EST PEU PROFOND, ÉVALUE LA HAUTEUR DE L'EAU EN SON MILIEU.
APRÈS AVOIR ENFONCÉ L'ÉPUISETTE DANS L'EAU, SORS-LA ET PLACE TES CAPTURES DANS UNE ASSIETTE; ATTENDS QUE LA VASE SE DÉPOSE. IDENTIFIE PLANTES ET ANIMAUX, PUIS REMETS-LES DANS L'EAU.

Tu trouveras des fleurs, des roseaux et d'autres graminées sur les rives.
la **Ranâtre** est carnivore.
Des oiseaux font leur nid dans les roseaux. Ne les dérange pas.
**poussin de Poule d'eau**
Regarde les oiseaux, les insectes et les plantes qui vivent à la surface.
Examine les trous de la berge. Des animaux les habitent.

Dans l'eau, il y a des poissons, des plantes et des insectes.
**Épinoche**
**Crossope**
**Triton crêté**
**Limnée**
Tu trouveras des mollusques sur le fond.
**L'Argyronète** vit sous l'eau dans une «cloche à plongeur».

# Communautés vivantes

Dans un étang, les rapports entre les plantes et les animaux sont généralement équilibrés, de sorte que chaque espèce trouve de la nourriture en suffisance.
Il est très important de ne pas troubler cet équilibre.

## Le rôle des plantes

Les animaux aquatiques ont besoin d'oxygène pour respirer. Ils le trouvent à la surface et dans l'eau, car les plantes en élaborent quand elles fabriquent leurs aliments. Sans la lumière du soleil, les plantes ne peuvent remplir leur rôle.

Fais cette expérience: place quelques tiges d'Élodéa dans de l'eau en plein soleil. Tu verras des bulles d'oxygène apparaître.

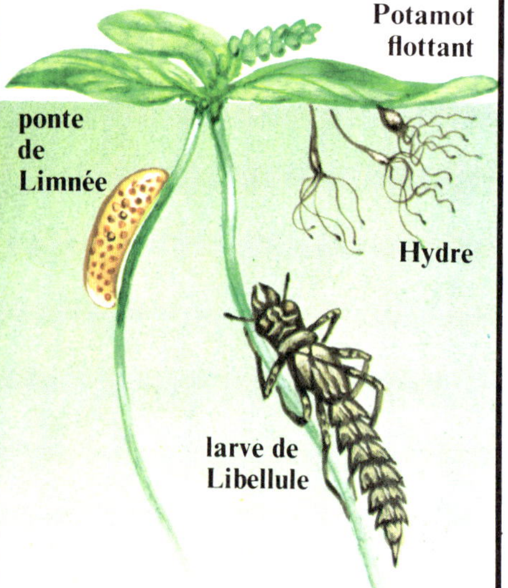


Les plantes donnent aussi de l'ombre et des abris aux animaux. Elles servent de support aux œufs et aux toutes petites bêtes. A l'issue de leurs métamorphoses, certains insectes grimpent sur leurs tiges pour sortir de l'eau.

## Une chaîne alimentaire

L'ensemble des animaux qui dépendent les uns des autres pour leur nourriture forme une chaîne alimentaire.
Dans celle qui est illustrée ci-dessous, il y a six maillons reliés par des flèches. Tout en haut se trouve le Héron cendré qui mange les animaux du deuxième maillon. La Perche mange ceux du troisième et ainsi de suite jusqu'aux algues qui se trouvent à l'autre bout de la chaîne et font vivre, directement ou non, tous les animaux. Comme chaque espèce a un régime varié, il y a beaucoup de chaînes alimentaires dans un étang.

Il y a plus d'animaux en bas de la chaîne alimentaire parce qu'ils sont petits. Un gros animal doit en manger beaucoup pour subsister.

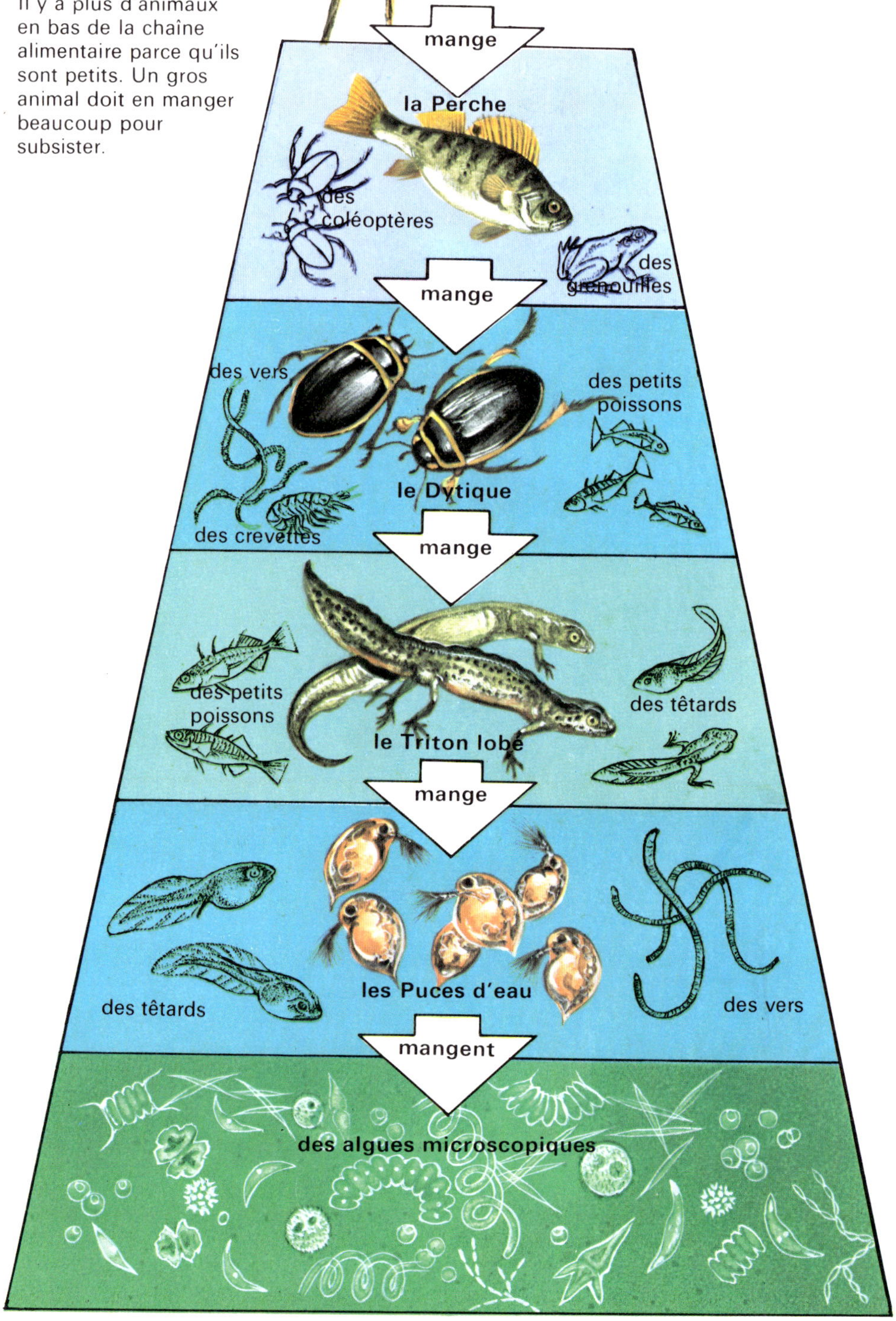

# La pollution

Voici comment une eau propre peut devenir polluée. Quand la pollution est grave, plantes et animaux périssent.

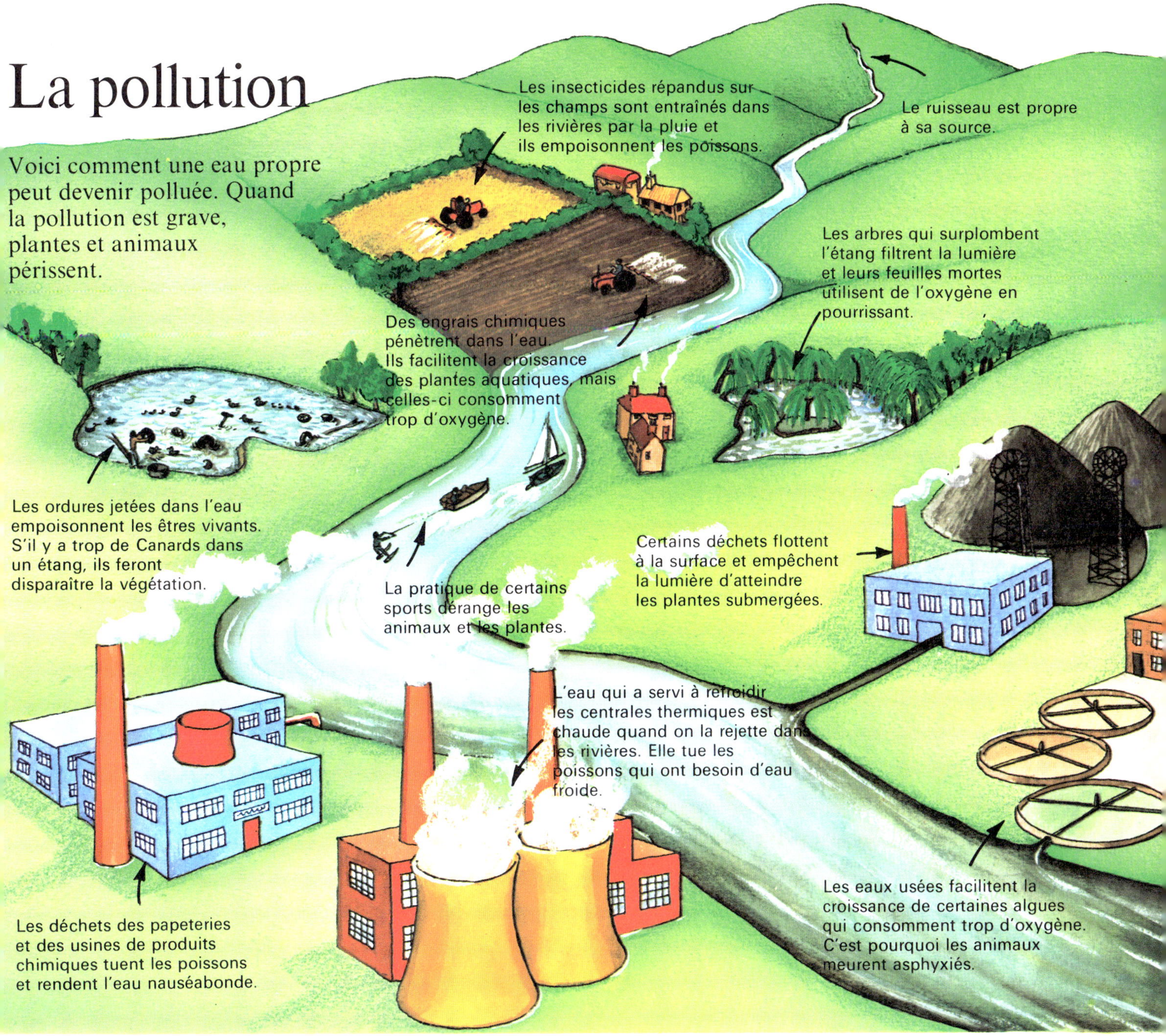


## Étangs... ... et ruisseaux

**La composition de la faune et de la flore varie selon que l'eau est courante ou stagnante. La température de l'eau, la quantité d'oxygène dissous et la nature du fond ont aussi de l'importance.**

**Les plantes s'enracinent facilement au fond d'un étang. Cette végétation luxuriante favorise l'existence de nombreux animaux. Mais en hiver, le gel peut en tuer beaucoup.**

**La végétation est pauvre dans les ruisseaux rapides. Algues et petits animaux se cramponnent au fond. Quelques poissons s'accommodent des eaux vives. Quand le courant se ralentit, flore et faune ressemblent à celles d'un étang.**

# Plantes des étangs et des rivières

Les plantes aquatiques forment plusieurs ceintures végétales concentriques autour des étangs. Ces zones ne sont pas toujours nettement délimitées et parfois il en manque une ou deux. De nombreuses plantes des étangs croissent aussi dans les cours d'eau. Celles qui vivent en eau profonde sont délicates car elles n'ont pas besoin d'une tige épaisse (l'eau les soutient); leurs feuilles sont assez fines, minces et ne contiennent pas d'eau, à l'inverse de celles des plantes terrestres.

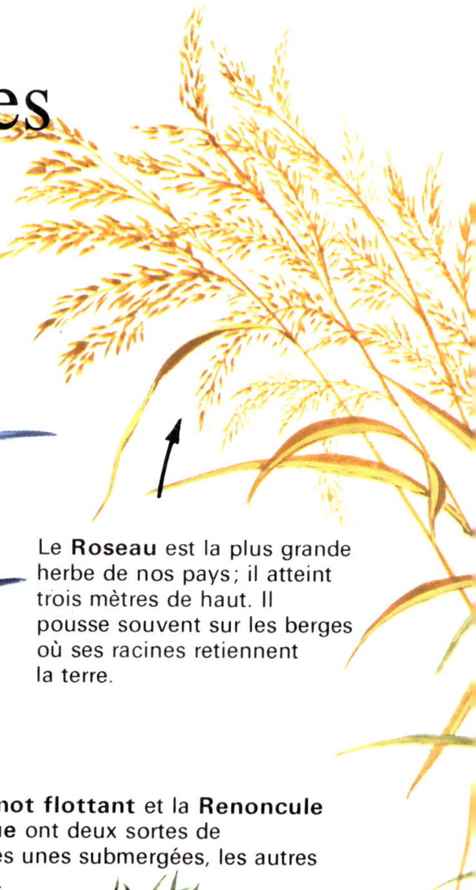


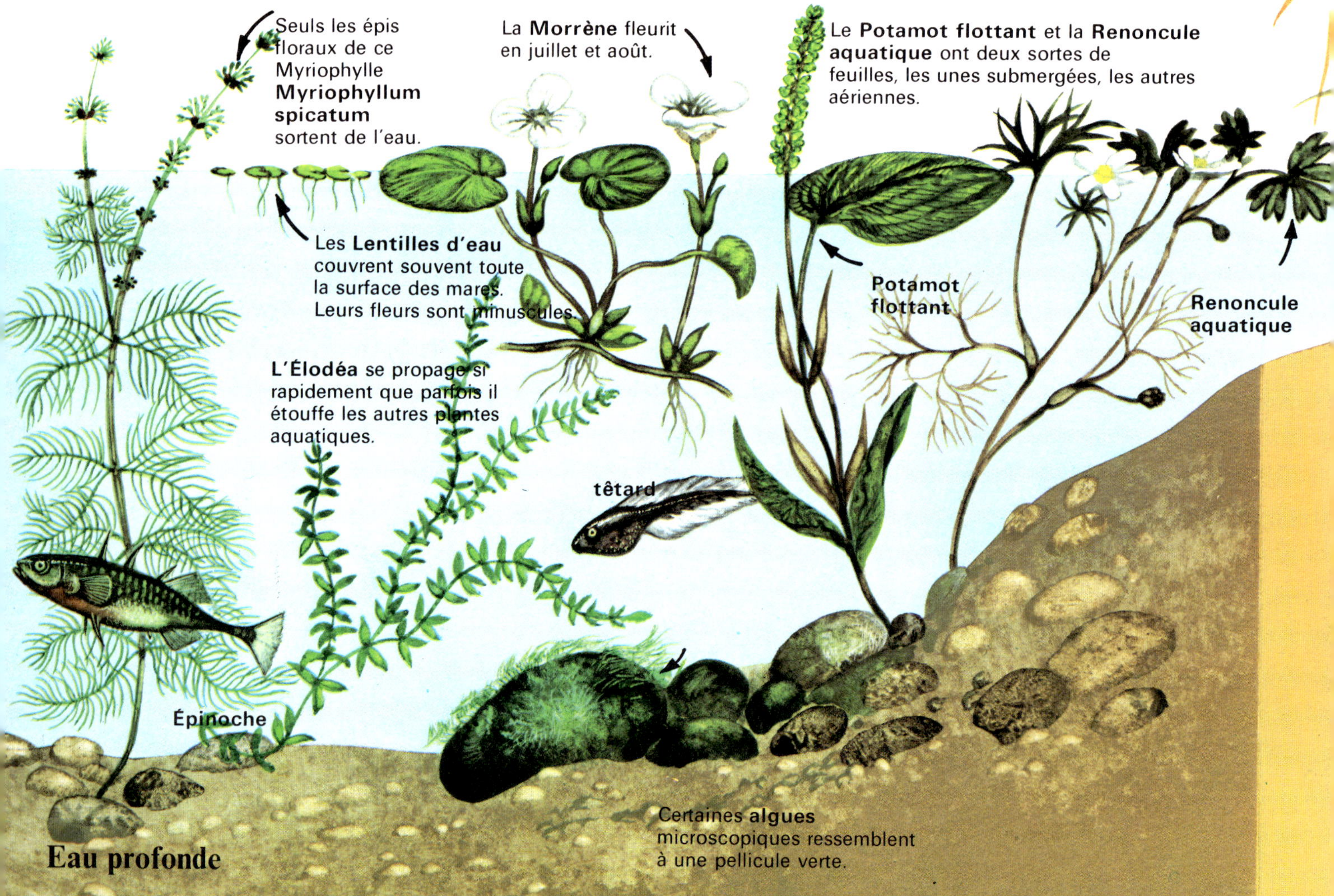


## Eau profonde

### Plantes immergées

**Au milieu de l'étang, les plantes vivent sous l'eau et seules leurs fleurs se dressent au-dessus de la surface. Leurs racines s'enfoncent dans la vase.**

### Plantes flottantes

**Certaines plantes qui poussent au centre de l'étang ont des racines qui pendent librement dans l'eau.**

### Plantes enracinées

**Les plantes des eaux peu profondes s'enracinent dans la vase. Leurs feuilles flottent ou s'élèvent au-dessus de la surface.**

## Eaux peu profondes

**Les plantes sont généralement grandes et possèdent de longs rhizomes, tiges souterraines qui facilitent leur propagation.**

## Rives

**Sur les berges des étangs et des rivières, le sol est mou et humide. De nombreuses plantes, souvent vivement colorées, poussent à cet endroit. Beaucoup ont de grandes feuilles et de grandes racines qui les fixent dans une terre instable.**

## Plantes des ruisseaux et des rivières

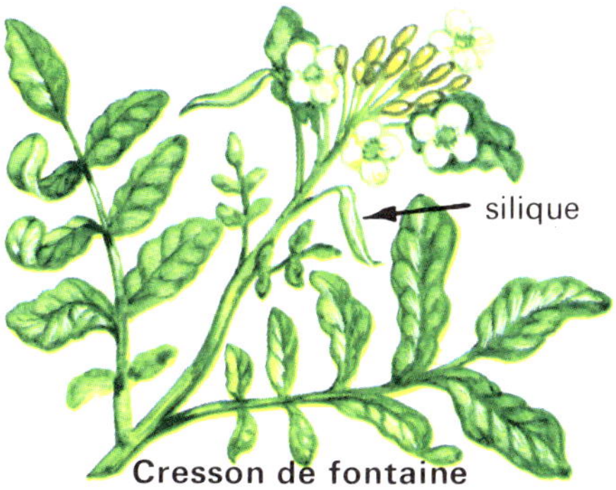


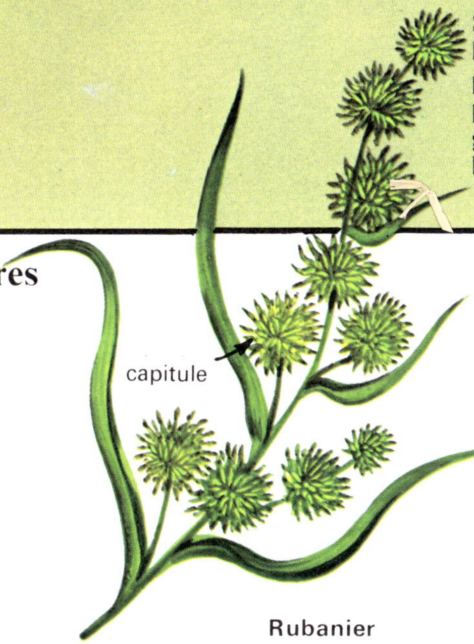

Le Cresson aime les eaux courantes des ruisseaux. Cherche ses siliques.
Ne mange pas le Cresson sauvage.

Tu trouveras cette plante dans les eaux lentes et peu profondes. Il y a d'autres espèces de Rubaniers dans les étangs.

Les Pesses poussent parfois entièrement sous l'eau. Leurs fleurs minuscules n'ont pas de pétales.

# La vie des plantes aquatiques

De nombreuses plantes aquatiques se multiplient au moyen de graines. Celles-ci se forment après la fécondation des ovules (cellules femelles) par des grains de pollen (cellules mâles), de la même espèce. Quand les graines sont mûres, elles sont dispersées et quelques-unes produisent une plantule. Certaines plantes aquatiques se multiplient aussi de façon végétative grâce à leurs rhizomes, d'autres avec des boutons ou des bourgeons qui résistent à l'hiver.

## 1 Pollinisation

Les fleurs de certaines plantes sont parfumées et ont de vives couleurs, qui attirent les insectes. Ceux-ci transportent le pollen sur d'autres fleurs.

## 2

Ces plantes sont pollinisées par le vent. Leurs fleurs sont petites, peu colorées et n'attirent pas les insectes.

## Dispersion des graines

### par le vent

Certaines graines, munies d'un parachute, sont emportées par le vent. Celles de l'Épilobe peuvent franchir 150 kilomètres.

### par l'eau

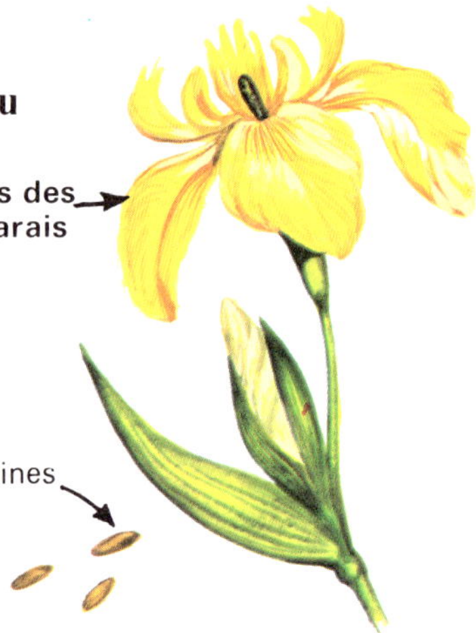


D'autres graines, comme celles de l'Iris des marais, sont transportées par l'eau. Les capsules s'ouvrent quand leur enveloppe se ramollit.

### par les animaux

Les graines, pourvues d'arêtes ou de crochets, se fixent dans le pelage des mammifères ou sur les vêtements et tombent ultérieurement.

## Développement du Nénuphar

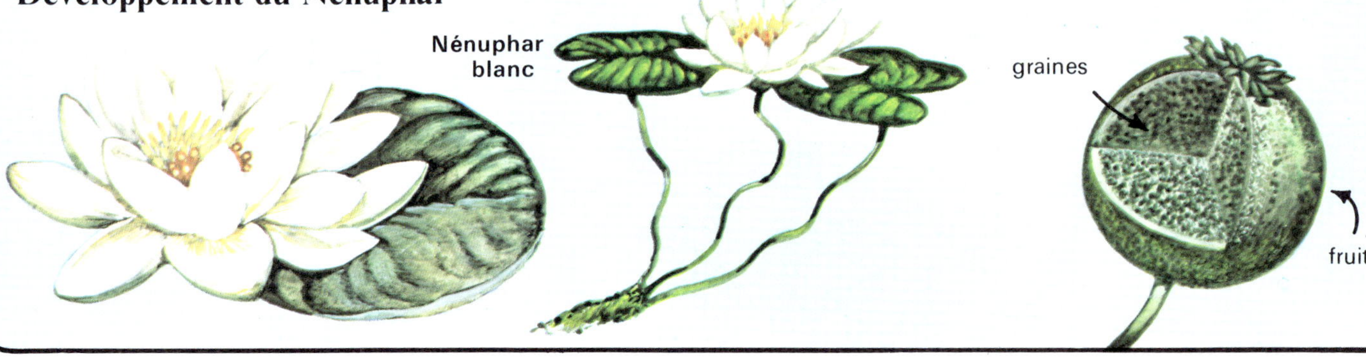


Le Nénuphar est commun dans les étangs. Ses feuilles et ses fleurs flottent à la surface. La nuit, celles-ci se ferment et parfois s'enfoncent un peu dans l'eau jusqu'au lendemain matin.

Un rhizome fixe le Nénuphar au fond de l'eau. Les feuilles se trouvent au bout du long pétiole issu de cette tige souterraine. Si le niveau monte, le pétiole se dresse et la feuille flotte toujours.

Des insectes pollinisent les fleurs. Quand les fruits sont mûrs, ils tombent au fond et laisse échapper deux mille graines. Quelques-unes seulement germeront et produiront de nouveaux Nénuphars.

3

Cette plante fleurit et fructifie sous l'eau. Le pollen des fleurs mâles, répandu dans l'eau, se fixe sur les fleurs femelles et les féconde.

## Autres modes de reproduction

De nombreuses plantes se multiplient de façon asexuée. L'Élodéa a une tige fragile qui se casse facilement. Chaque morceau peut régénérer une nouvelle plante.

Les Lentilles d'eau poussent juste en dessous de la surface. Chaque feuille est une plante distincte. De nouvelles feuilles croissent sur les anciennes et s'en détachent pour vivre indépendamment.

## par explosion

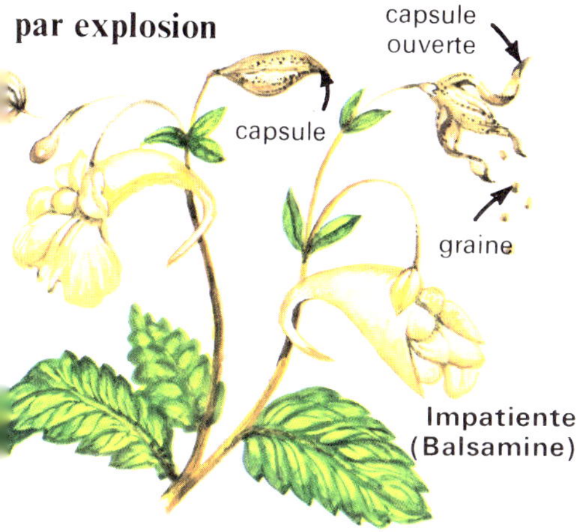


Au moindre contact, la capsule mûre de cette plante s'ouvre brusquement, projetant les graines qui tombent par terre.

## Croissance d'une plante

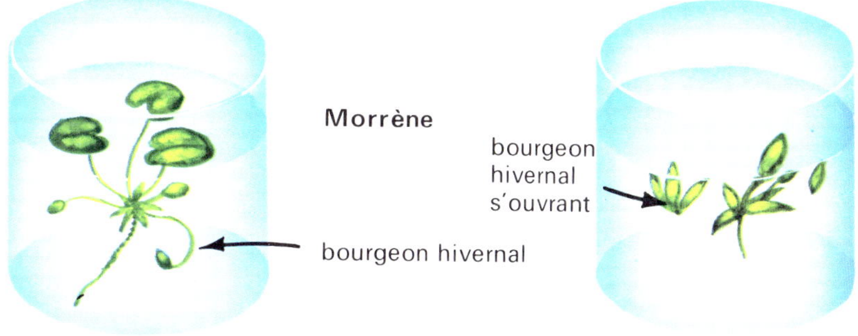


La Morrène développe des bourgeons hivernaux sur ses racines immergées. Chacun renferme une plantule et des aliments. Quand le bourgeon est mûr, il s'ouvre et s'enfonce.

Au printemps, il remonte à la surface et produit une nouvelle plante. Prends un pied de Morrène en automne et observe son développement. Mets-le au frais dans un bocal rempli d'eau de l'étang.

## En hiver

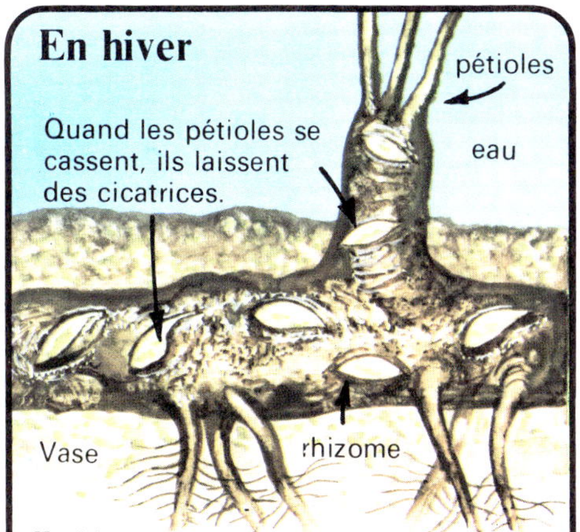


En hiver, les Nénuphars meurent, mais leurs rhizomes, bourrés de réserves nutritives, restent vivants. Au printemps il en sort des pousses.

## Plantes carnivores

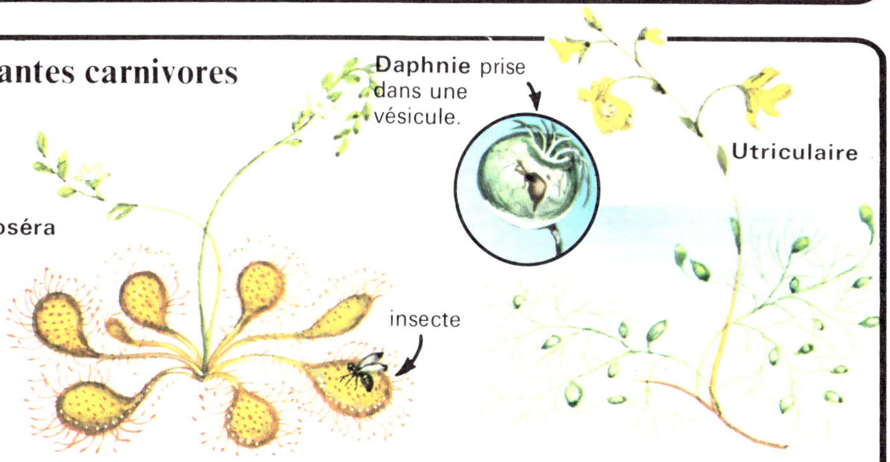


La Droséra vit dans les tourbières et les marais. Ses poils visqueux retiennent des insectes: des sucs spéciaux en assurent la digestion.

Cette plante carnivore prend de minuscules animaux dans ses vésicules immergées, remplies d'air, puis elle les digère.

# Les oiseaux aquatiques

L'observation des oiseaux aquatiques est passionnante, car de nombreuses espèces fréquentent les étangs. Certains y passent presque toute leur vie; d'autres se contentent de les visiter pour boire et se baigner. L'hiver, des espèces marines y trouvent abri et nourriture. C'est dans la végétation riveraine que tu verras la plus grande variété d'oiseaux.

Observe le matin de bonne heure. Dans les parcs, certains oiseaux s'habituent à la présence de l'homme qui les nourrit. D'autres restent craintifs et il faut se cacher pour les observer. Note ce que tu vois. Si tu trouves un nid, ne le dérange pas.

Le **Colvert** est un canard de surface. Il ne disparaît pas entièrement sous l'eau et mange surtout des plantes.

## Alimentation

**Comment les oiseaux aquatiques se nourrissent-ils? Quelle est la forme de leur bec? Chronomètre la durée d'immersion des oiseaux plongeurs.**

Le **Morillon** plonge à un ou deux mètres pour manger des plantes, des insectes et des alevins.

femelle

mâle

Le **Canard siffleur** mange surtout des herbes et des graines dans les champs. C'est un canard de surface.

Le **Martinet** noir chasse en vol. Il mange des mouches et des coléoptères.

Le **Canard souchet** prend ses aliments dans l'eau et la vase qu'il filtre avec son large bec.

Le **Butor étoilé** niche dans les roselières où il passe inaperçu. Il mange grenouilles, des alevins et des insectes.

La **Sarcelle d'hiver** est le plus petit canard européen de surface. Elle mange surtout des plantes et leurs graines.

La **Poule d'eau** mange des plantes, de petits animaux aquatiques et des graines sur les berges.

Le **Martin-pêcheur** plonge pour capturer de petits poissons et des insectes. Parfois, il achève les poissons en les frappant sur une branche; il les avale la tête la première; ainsi, nageoires et écailles ne gênent pas la déglutition.

## Les oiseaux en vol

### 1 Compte-les

Pour estimer l'importance d'une troupe d'oiseaux, compte les dix-huit premiers puis évalue combien de fois ce groupe est contenu dans l'ensemble et multiplie.

### 2 Formation

La formation adoptée par les oiseaux peut, dans une certaine mesure, t'aider à les identifier.

### 3 Signaux de ralliement

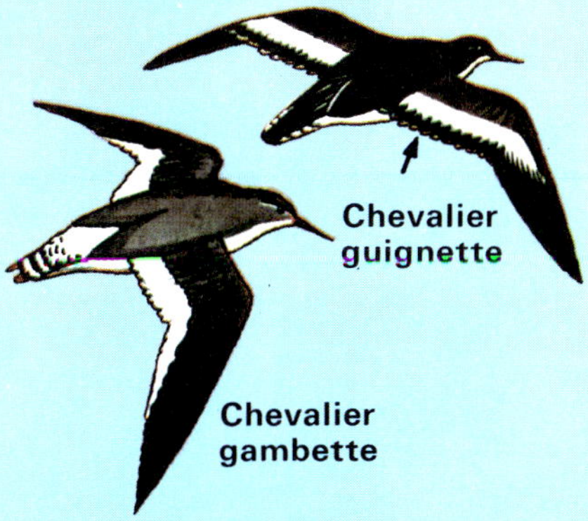


Les oiseaux grégaires ont souvent des taches de couleur utilisées comme signaux de ralliement. Les cris maintiennent la cohésion du groupe, surtout la nuit.

## Entretien du plumage

### 1 Bain

Les oiseaux d'eau se baignent souvent. Ils se dressent au-dessus de l'eau, battent des ailes et se tournent ; puis ils s'ébrouent.

### 2 Graissage

Ils enduisent leurs plumes avec la sécrétion de la glande du croupion. Pour cela, ils frottent le bec et la tête sur cet organe.

### 3 Lissage

Enfin, ils ébouriffent leurs plumes, les lissent avec le bec de façon à les nettoyer et remettre leurs barbes en place.

### Structure des plumes

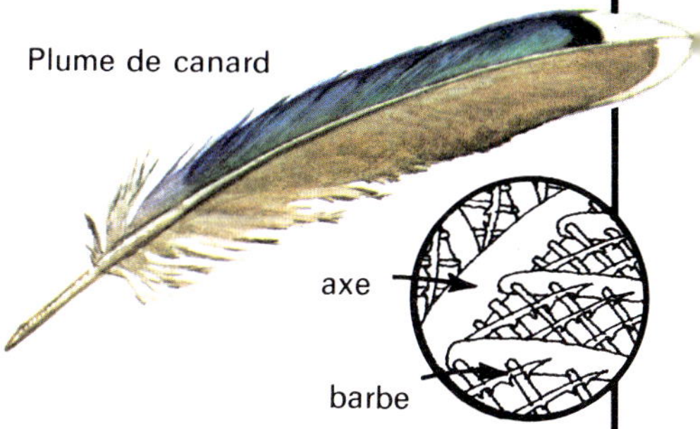


Les barbes sont insérées sur l'axe central. Elles s'accrochent les unes aux autres. Les plumes gardent le corps au chaud et au sec.

# La reproduction des oiseaux

La plupart des oiseaux nichent au printemps. A cette saison, les mâles paradent devant les femelles en montrant les vives couleurs de leur plumage, des ornements (huppe, collerette), en lançant des cris spéciaux ou en faisant des acrobaties aériennes ou sur l'eau. Parfois, mâle et femelle accomplissent tous deux ces parades nuptiales. Le nid est bâti après l'accouplement. Note les matériaux utilisés par chaque espèce.

## Parades nuptiales

Les parades des Grèbes huppés commencent très tôt. Le secouement de tête (ci-dessus) est fréquent. Les oiseaux nagent l'un vers l'autre, s'appellent et agitent la tête de gauche à droite.

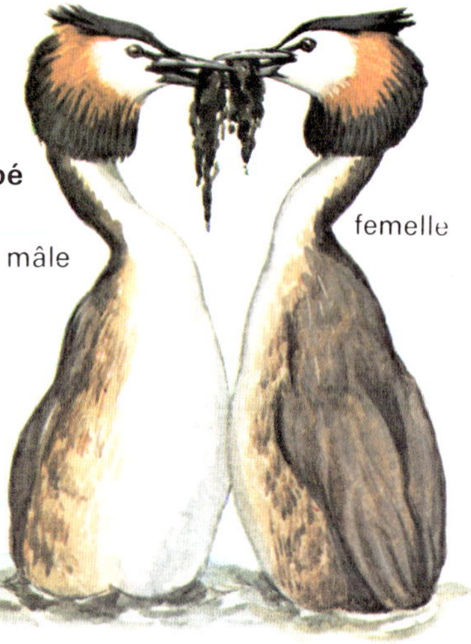


La «danse» est une autre figure. Les Grèbes plongent et prennent des algues dans leur bec. Puis ils se rapprochent et se dressent face à face, battant des pattes et remuant le bec.

## Batailles

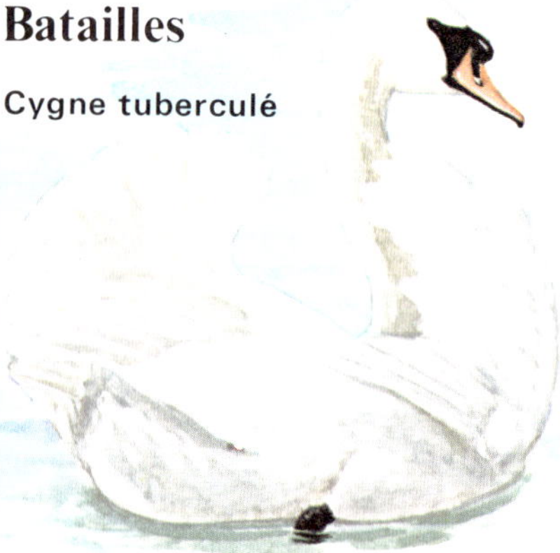


Ce Cygne gonfle son plumage pour effrayer un ennemi. Certains oiseaux se battent pour défendre leur nid ou leur territoire.

Cette Oie cendrée adopte une attitude menaçante pour chasser d'autres Oies qui s'étaient approchées de son nid ou de son territoire.

Les Foulques se battent avec leurs griffes tout en se dressant sur leurs ailes. Ces altercations ne durent pas et seuls les mâles y prennent part.

## Les nids

La Rousserolle effarvatte niche dans les roselières. Son nid est une corbeille profonde. Œufs et oisillons ne risquent pas d'être renversés quand les roseaux sont inclinés par le vent.

L'Hirondelle de rivage niche en colonies dans les talus et les sablières. Chaque nid se trouve au bout d'un tunnel, que les oiseaux creusent avec le bec et les pattes.

Le Cincle cache son nid dans une crevasse près d'un torrent, sous un pont ou derrière une cascade. Il le construit avec de la mousse et des herbes.

Certains oiseaux mâles, comme celui du Martin-pêcheur, offrent des aliments à leur compagne. Si elle accepte ce cadeau, ils ne tarderont pas à s'accoupler.

Le Colvert est une espèce commune et tu pourras observer la parade nuptiale du mâle sur les étangs. Il plonge, agite les ailes, fait jaillir de l'eau avec son bec, siffle et grogne.

La cane l'attire en secouant la tête. Pour séduire une femelle, le Milouin mâle nage autour d'elle en hochant la tête.

## Élevage des petits

Certains jeunes oiseaux sont aveugles et presque nus à l'éclosion. Ils ne peuvent sortir du nid et dépendent entièrement de leurs parents qui les nourrissent. Les jeunes Hérons demandent à manger en frappant le bec de leurs parents. D'autres oisillons piaillent et ouvrent le bec dans le même but. Les canetons peuvent nager et s'alimenter quelques heures après l'éclosion. Ils voient clair et ont un épais duvet.

### Défense de la nichée

Les jeunes Grèbes castagneux nagent dès l'éclosion, mais en cas de danger, ils montent sur le dos de leurs parents.

Comme d'autres échassiers, le Petit Gravelot feint d'être blessé pour éloigner un ennemi de son nid.

# La vie des insectes

D'étranges insectes vivent dans les étangs et les rivières, même si l'eau est polluée.
De l'œuf à l'adulte, la plupart des insectes subissent des métamorphoses.
La Phrygane donne un exemple de ces transformations. La vie larvaire peut durer des années, celle de l'adulte seulement quelques heures ou quelques jours. Certains insectes passent toute leur vie dans l'eau (ex.: Dytique), d'autres sortent de l'eau à l'âge adulte (ex.: Sialis).

## La Phrygane

### 1 œuf

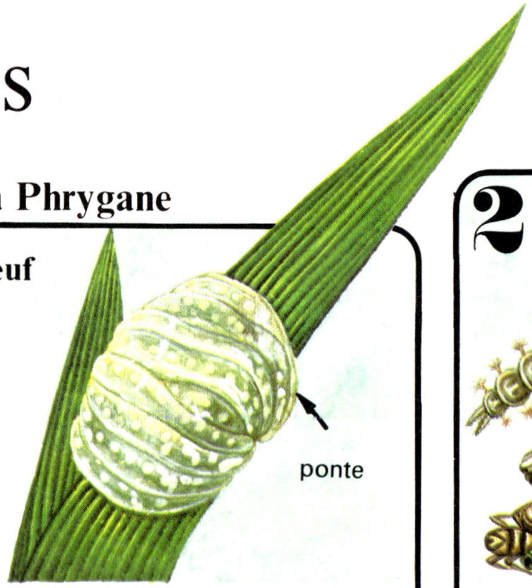


**Les Phryganes pondent leurs œufs, inclus dans une sorte de gelée, sur une plante, une pierre, dans l'eau ou à la surface.**

### 2 larve

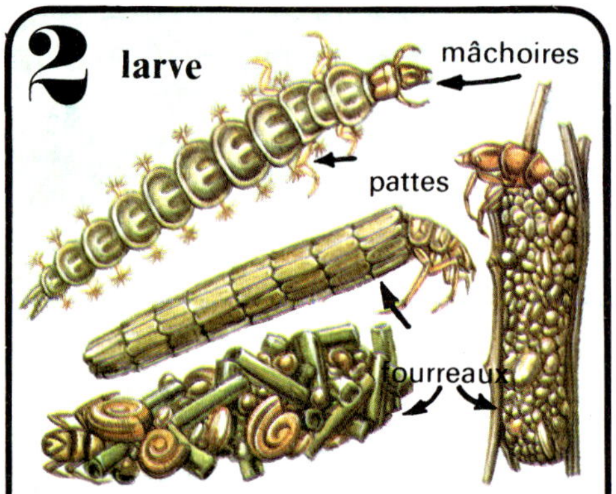


**Après l'éclosion, la larve se construit un fourreau avec des graviers, des feuilles ou des coquilles. Elle mange des plantes au fond de l'eau.**

## Les insectes pondent:

### 1 Sur l'eau

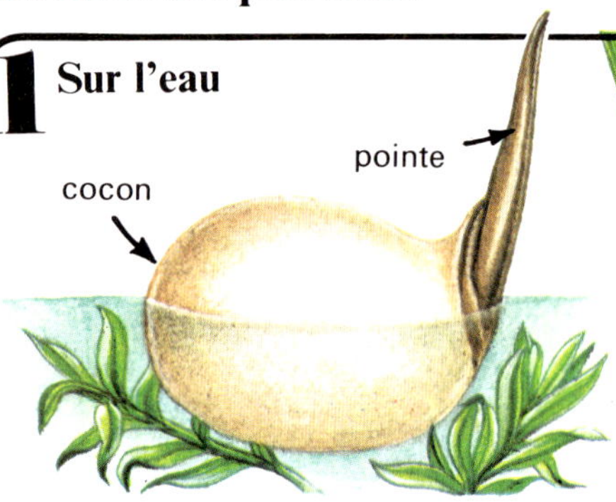


**L'Hydrophile femelle pond ses œufs dans un cocon soyeux placé à la surface de l'eau. La pointe, creuse, laisse passer l'air jusqu'aux œufs.**

### 2 Au-dessus de l'eau

**Cherche des œufs sur les plantes aquatiques et les pierres émergées. Après l'éclosion, les larves tombent dans l'eau ou y pénètrent en marchant.**

### 3 Dans l'eau

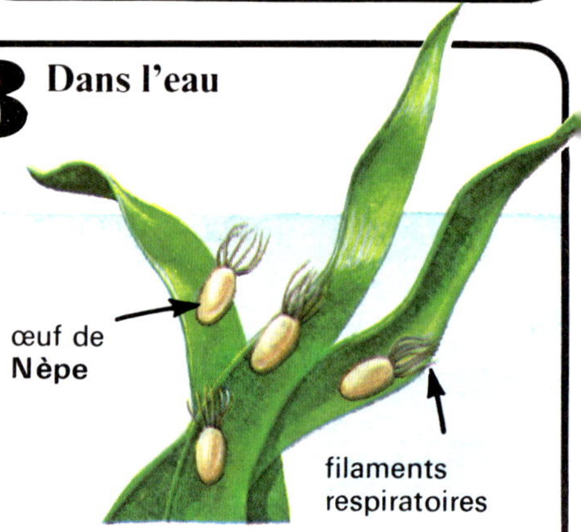


**Certains insectes pondent leurs œufs sous l'eau, sur des plantes, des cailloux ou la vase du fond. La Nèpe place les siens sur des tiges.**

## Larves et nymphes

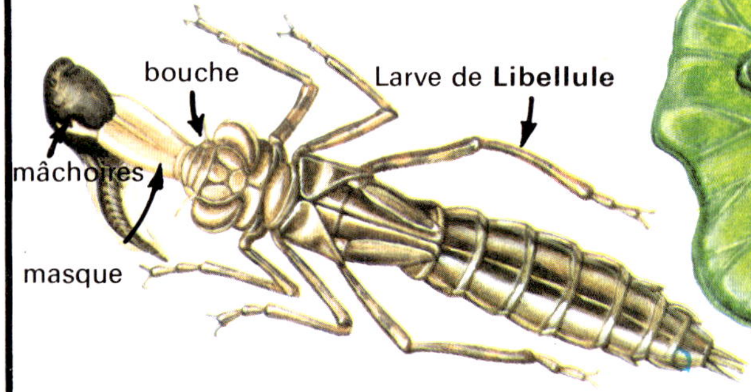


**Les larves de Libellules ne se transforment pas en nymphes. Elles ont de puissantes mâchoires fixées sur un «masque» articulé, qui sert à capturer les proies.**

**Sous les feuilles de Nénuphars et de Potamot, percées de petits trous, tu verras les logettes fabriquées par les chenilles d'une Pyrale.**

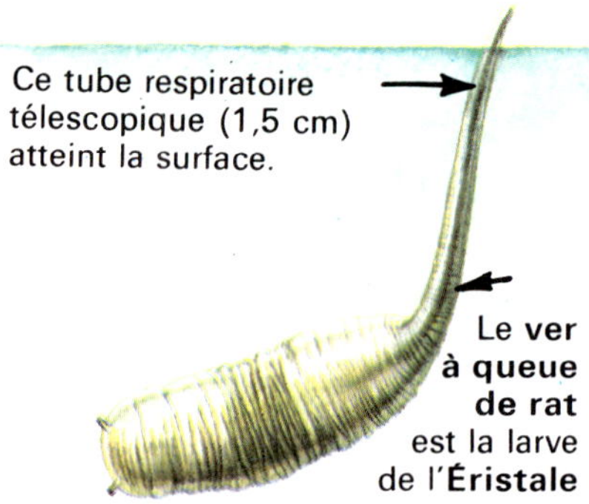


**La larve de la Mouche éristale vit dans la vase. Mets un peu de vase dans une assiette; tu y trouveras peut-être cet insecte.**

## 3 Nymphe

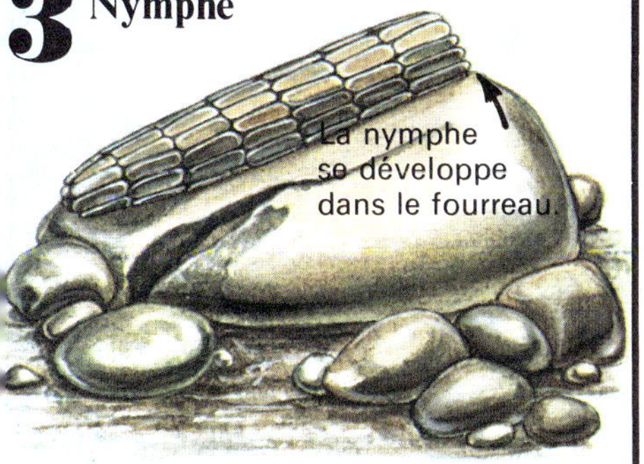


**Au bout d'un an, la larve cesse de manger et se transforme en nymphe. En hiver, celle-ci se métamorphose en adulte.**

## 4 Adulte

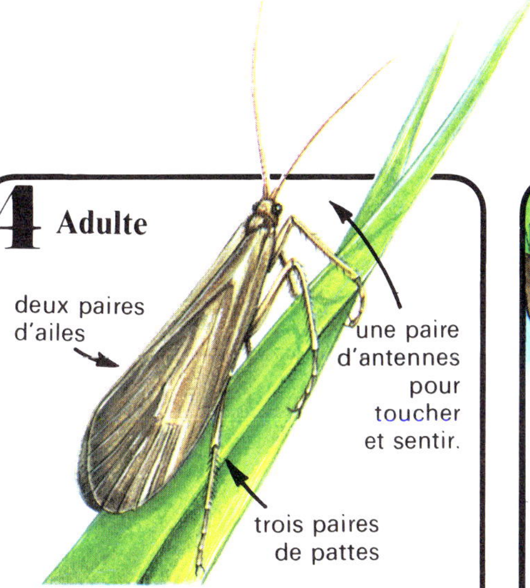


**Au moment de l'éclosion, la nymphe brise le fourreau et monte à l'air libre. L'adulte s'envole.**

## Un viseur

**Fais ce viseur avec une grande boîte de conserve. Enlève les fonds et fixe un morceau de plastique transparent à une extrémité. Regarde par l'autre.**

## L'éclosion d'une Libellule

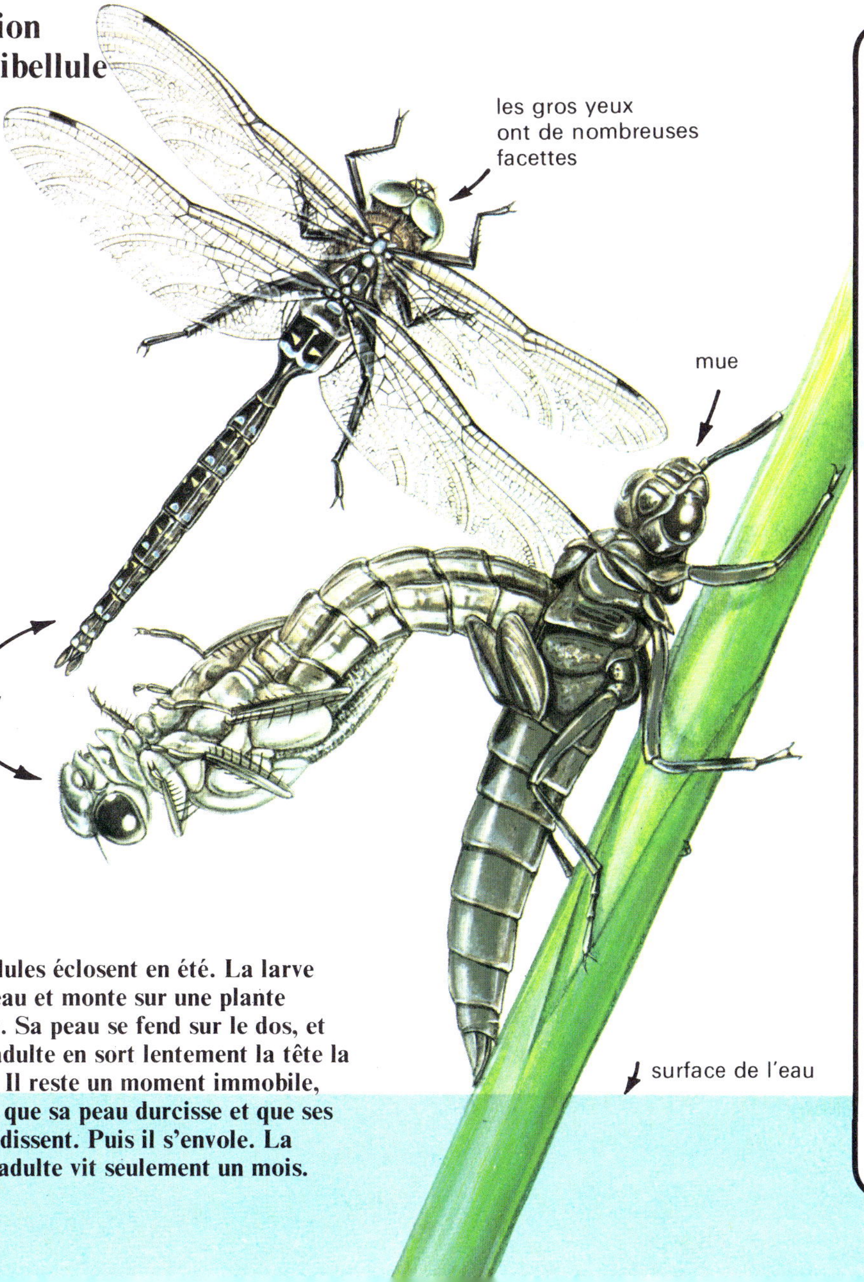


**Les Libellules éclosent en été. La larve sort de l'eau et monte sur une plante aquatique. Sa peau se fend sur le dos, et l'insecte adulte en sort lentement la tête la première. Il reste un moment immobile, attendant que sa peau durcisse et que ses ailes grandissent. Puis il s'envole. La Libellule adulte vit seulement un mois.**

## Observe les métamorphoses des Moustiques

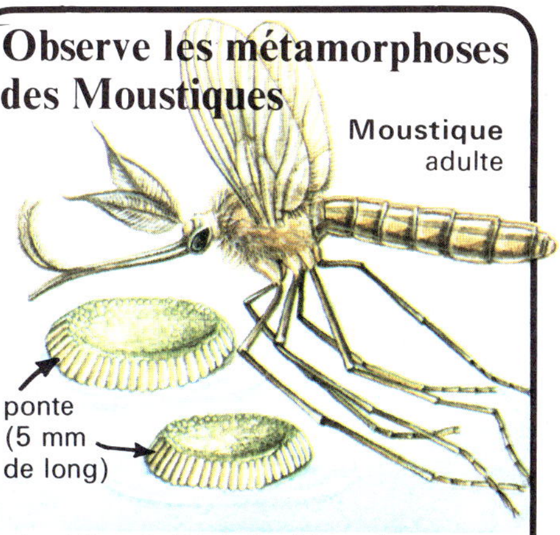


**Au début de l'été, les Moustiques pondent leurs œufs à la surface des eaux stagnantes. Prends-en plusieurs dans un bocal rempli d'eau de l'étang.**

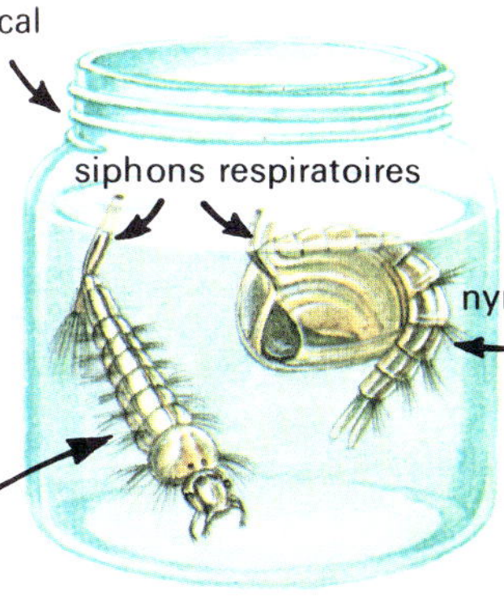


**Les larves se transforment en nymphes au bout de trois semaines environ. Les adultes éclosent en fendant l'enveloppe nymphale.**

# L'observation des insectes

Tu verras beaucoup d'insectes en été au bord d'un étang ou d'une rivière. Regarde en l'air, sur l'eau et sous la surface. Pour identifier un insecte, note sa coloration, sa forme, le nombre d'ailes, l'endroit où tu l'as vu et d'autres détails. Les insectes adultes ont le corps divisé en trois parties, trois paires de pattes et, généralement, une paire d'antennes. Beaucoup ont des ailes au moins durant une partie de leur vie.

## Au-dessus de l'eau

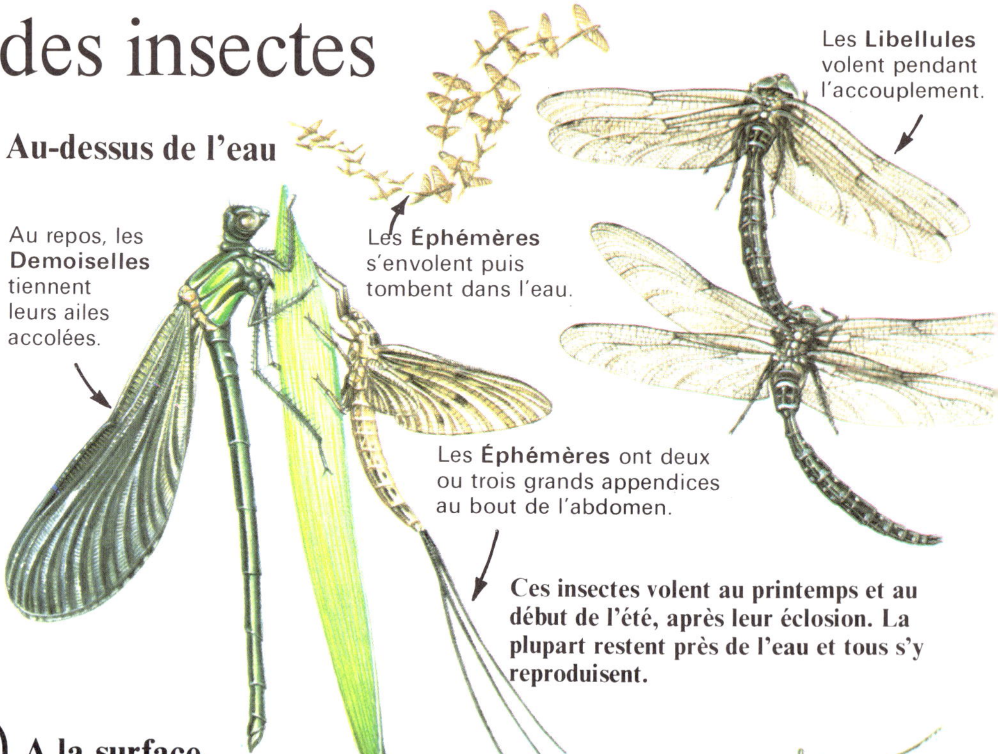

Au repos, les **Demoiselles** tiennent leurs ailes accolées.

Les **Éphémères** s'envolent puis tombent dans l'eau.

Les **Libellules** volent pendant l'accouplement.

Les **Éphémères** ont deux ou trois grands appendices au bout de l'abdomen.

**Ces insectes volent au printemps et au début de l'été, après leur éclosion. La plupart restent près de l'eau et tous s'y reproduisent.**

### Pourquoi les insectes ne s'enfoncent-ils pas?

Prends un buvard pour poser l'aiguille sur l'eau.

Le papier s'enfoncera mais l'aiguille flottera.

**Une fine pellicule empêche les insectes de s'enfoncer. Vérifie son existence en faisant flotter une aiguille.**

## A la surface

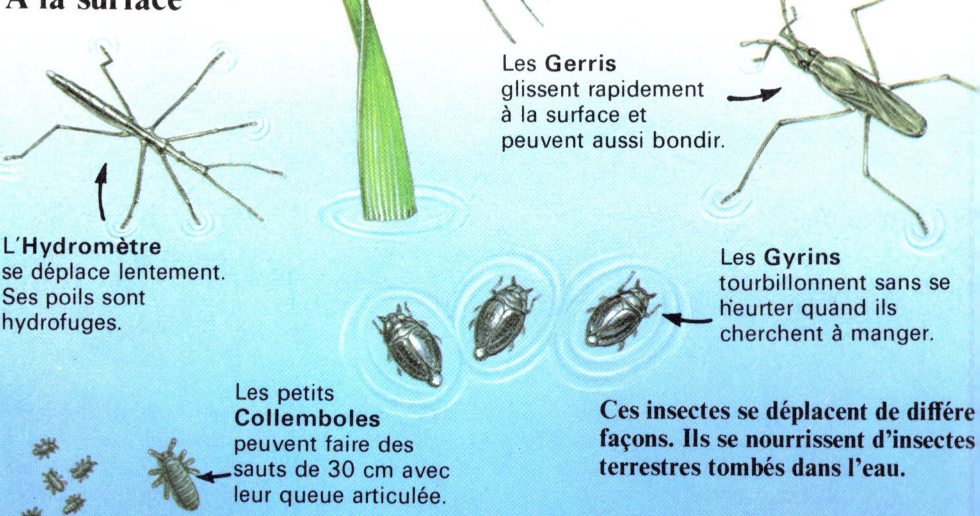

Les **Gerris** glissent rapidement à la surface et peuvent aussi bondir.

L'**Hydromètre** se déplace lentement. Ses poils sont hydrofuges.

Les **Gyrins** tourbillonnent sans se heurter quand ils cherchent à manger.

Les petits **Collemboles** peuvent faire des sauts de 30 cm avec leur queue articulée.

**Ces insectes se déplacent de différe façons. Ils se nourrissent d'insectes terrestres tombés dans l'eau.**

## Sous l'eau

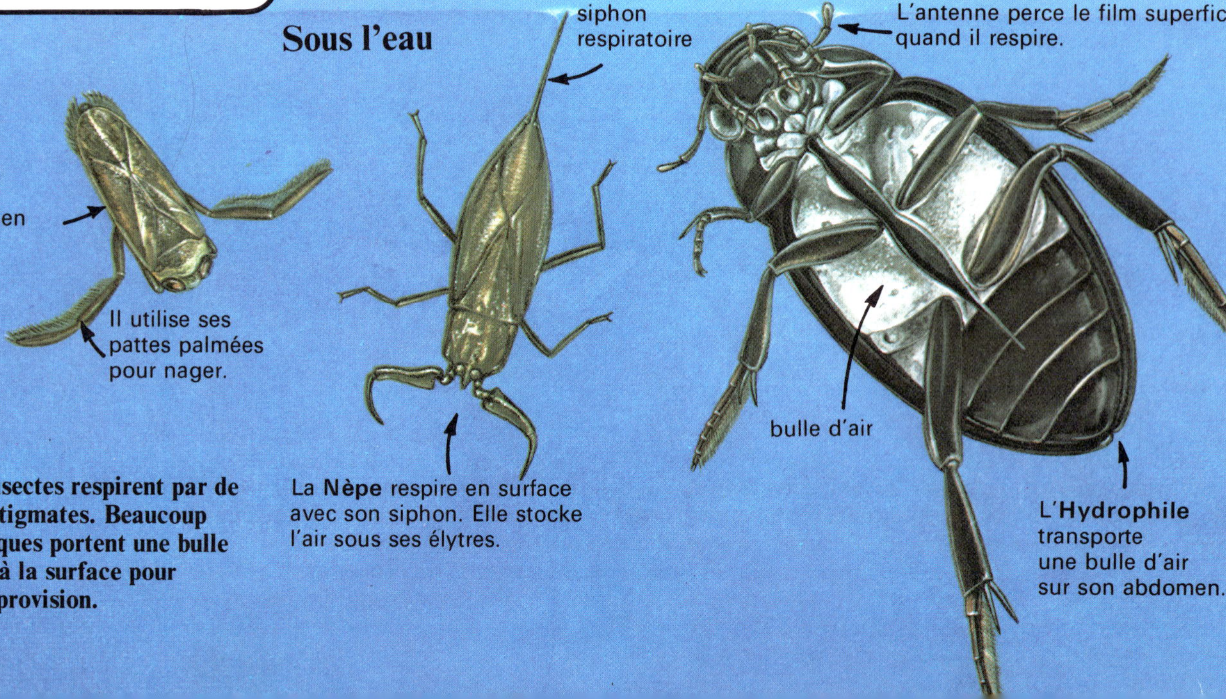

siphon respiratoire

L'antenne perce le film superficiel quand il respire.

Le **Notonecte** nage en position inversée, l'abdomen tourné vers la surface.

Il utilise ses pattes palmées pour nager.

bulle d'air

La **Nèpe** respire en surface avec son siphon. Elle stocke l'air sous ses élytres.

L'**Hydrophile** transporte une bulle d'air sur son abdomen.

**La plupart des insectes respirent par de petits trous, les stigmates. Beaucoup d'insectes aquatiques portent une bulle d'air et viennent à la surface pour renouveler cette provision.**

## La nourriture des insectes

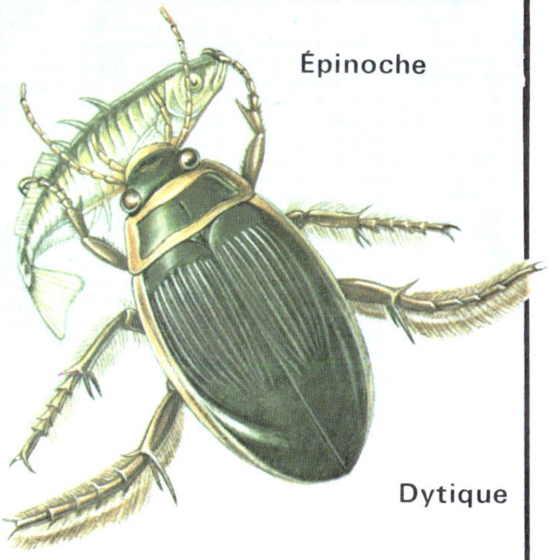


Certains Coléoptères aquatiques sont carnivores. Le Dyptique mange des têtards et des poissons. Ses proies sont souvent plus grandes que lui.

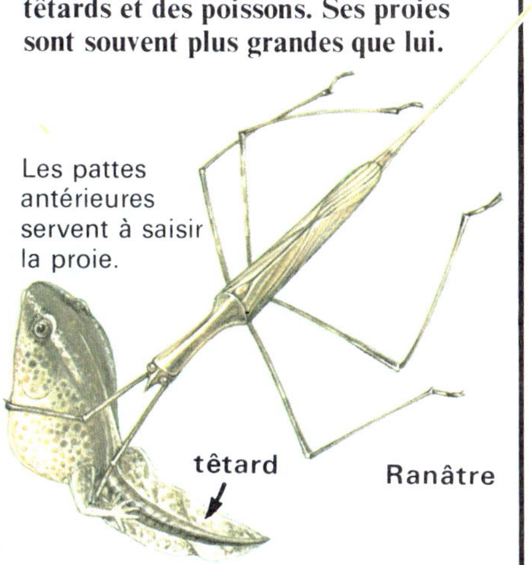


Cachée dans les roseaux, la Ranâtre attend une proie. Elle la prend avec ses pattes puis aspire ses liquides corporels.

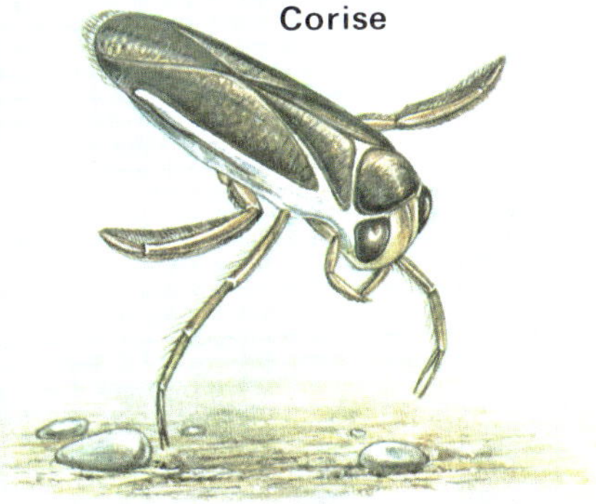


La Corise mange des algues et des plantes pourrissant sur le fond. A la différence du Notonecte, elle nage en position normale.

## Un aquarium pour les insectes

Achète l'aquarium dans un magasin spécialisé. Place-le près d'une fenêtre mais pas en plein soleil.

Si tu le remplis avec de l'eau du robinet ajoute un peu d'eau de l'étang et attends quelques jours avant d'y mettre des animaux.

### Nymphes et larves

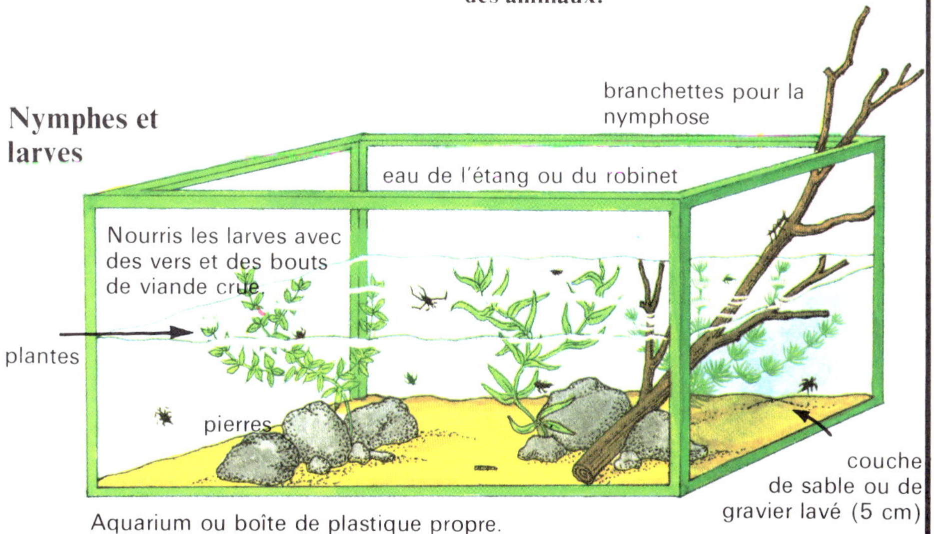


Aquarium ou boîte de plastique propre.

### Insectes volants

Nourris les Coléoptères avec des vers ou des bouts de viande crue.

Les insectes capables de voler (Coléoptères par ex.) doivent être placés dans un aquarium muni d'un couvercle ou d'un filet pour les empêcher de partir.

### Petits insectes

Il est facile de garder les tout petits insectes. Mets-les dans un pot avec un peu d'eau de l'étang, de vase et quelques plantes.

### Insectes carnivores

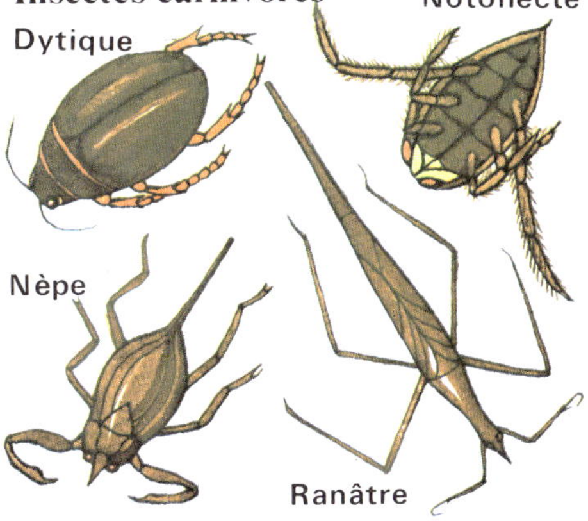


Mets ces insectes dans des récipients séparés, sinon ils s'entre-tueront. Donne-leur des vers ou de la viande.

# Les mammifères

La plupart des mammifères aquatiques sont craintifs et il est difficile de les voir. Certains sont nocturnes, c'est-à-dire actifs la nuit. Souvent, tu n'entendras qu'un bruit de plongeon. Les mammifères entendent bien et leur odorat est fin. Pour les observer, tiens-toi face au vent. Tu trouveras plus facilement leurs empreintes ou d'autres signes de leur présence. Essaie de les identifier. Tu sauras alors quels sont les hôtes de l'étang.

**Différences entre le Campagnol aquatique et le Rat gris**

**On confond souvent ces rongeurs. Tous deux nagent très bien. Attention aux détails distinctifs.**

**Le Campagnol plonge souvent tandis que le Rat gris reste davantage à la surface.**

Chassé des champs de blé par les machines agricoles, le **Rat des moissons** niche souvent dans les roselières. Excellent grimpeur, il a une queue préhensile. On peut le voir dans la journée.

cette **chauve-souris** survole l'eau à la recherche d'insectes. Elle peut nager. **Vespertilion de Daubenton**

Le **Rat gris** préfère les rivières et les canaux. Il mange de tout. On le voit dans la journée.

La **Crossope (Musaraigne aquatique)** saute parfois pour saisir un insecte. Elle mange aussi des grenouilles et des poissons. Elle peut marcher sur le fond.

Le **Campagnol aquatique** vit sur les berges des étangs et des rivières lentes. En sortant de l'eau, il lisse son pelage.

Aux endroits où le **Campagnol** aquatique a mangé, les tiges des plantes herbacées sont coupées.

Les petits terriers qui s'ouvrent sous l'eau ou au-dessus de la surface peuvent appartenir à une **Crossope** ou à un **Campagnol aquatique**.

## Les plus gros

Le Rat musqué vit dans une grande partie de l'Europe. Il fréquente les étangs, construit des huttes et creuse des terriers.

Le Castor est devenu rare en Europe. Il bâtit une hutte avec des branches ou bien vit dans un terrier.

Le Vison sauvage européen est rare lui aussi. Certains Visons d'élevage se sont échappés. Le Vison chasse la nuit. Il vit près des rivières et des étangs.

## Loutre

Nocturne et timide, la Loutre vit dans les lieux tranquilles. Elle est bien adaptée à l'existence aquatique. Elle mange des poissons, grenouilles et mollusques. Ses petits naissent dans un terrier creusé dans la berge ou sous les racines d'un arbre.
Les adultes aiment jouer et font des glissades sur la boue ou la neige.
La Loutre dépose ses crottes (appelées épreintes) sur des pierres ou des herbes. Elle ne mange pas toujours entièrement les poissons.

## Empreintes

### Loutre

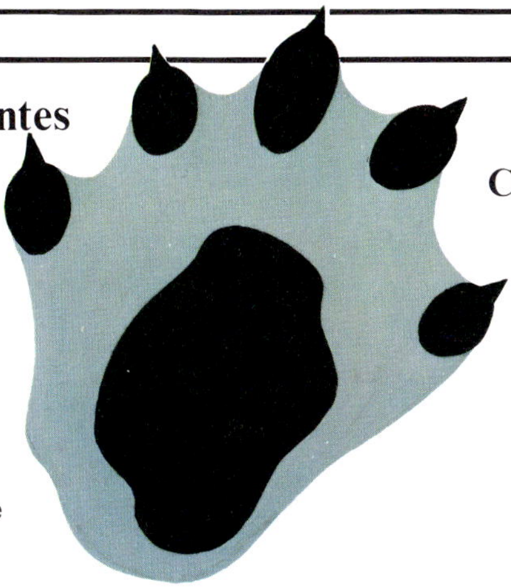


### Campagnol aquatique

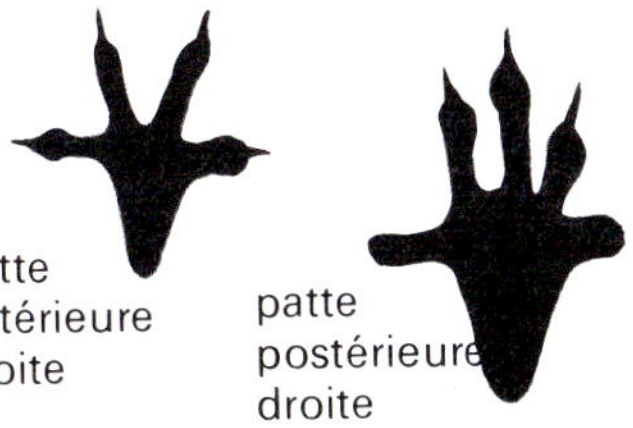


### Rat gris

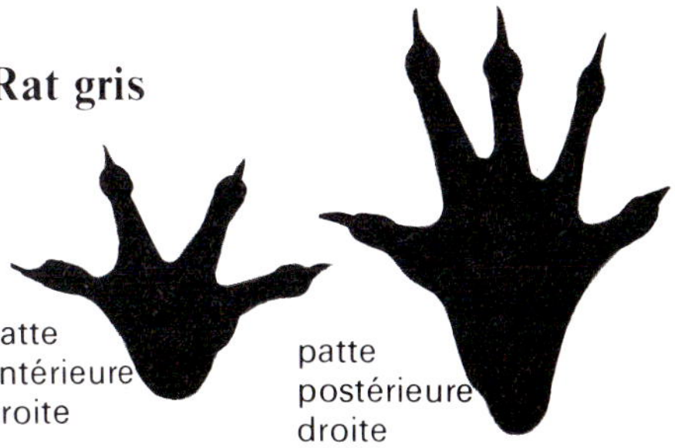


Cherche les empreintes des mammifères dans la boue ou la neige, le matin de préférence, avant qu'elles ne soient effacées. Pour les identifier, mesure-les et dessine leur contour ; note aussi l'aspect de la voie (ensemble de plusieurs empreintes). Rappelle-toi qu'il est rare de trouver des empreintes parfaites. Sur celles de la Loutre, les palmures, les griffes ou le cinquième doigt sont souvent invisibles.

# Les poissons

Il existe environ cinquante espèces de poissons d'eau douce en France. Certains préfèrent les eaux courantes, d'autres les eaux stagnantes. Note les caractères utiles pour leur identification: couleur, forme, position des nageoires, présence de barbillons près de la bouche, nage rapide ou lente, présence proche de la surface ou du fond. La plupart pondent dans les eaux peu profondes. Tu trouveras leurs œufs sur les plantes, les pierres immergées ou le sable du fond. On appelle alevins les très jeunes poissons.

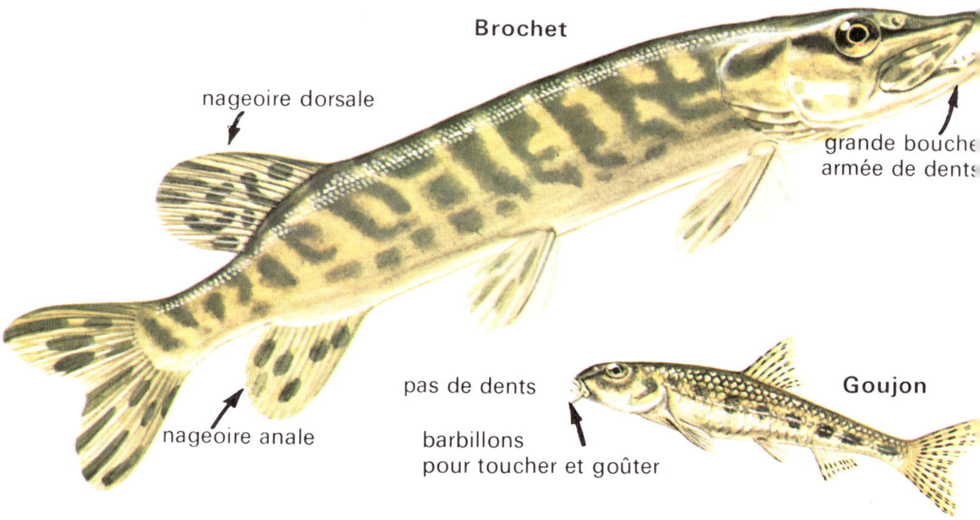


**Le Brochet, qui peut atteindre un mètre de long, mange des grenouilles, de jeunes oiseaux aquatiques, des poissons et même d'autres Brochets. Il guette ses proies, caché dans la végétation, et se précipite sur elles pour les happer.**

**Le Goujon trouve ses aliments sur le fond. Il aspire des larves d'insectes, des vers et des mollusques. Sa bouche est édentée, mais il broie ses aliments avec ses dents pharyngiennes.**

## Les poissons de l'étang

**Presque tous ont une silhouette plus arrondie que celle des poissons vivant dans les eaux courantes. Ils nagent beaucoup plus lentement.**

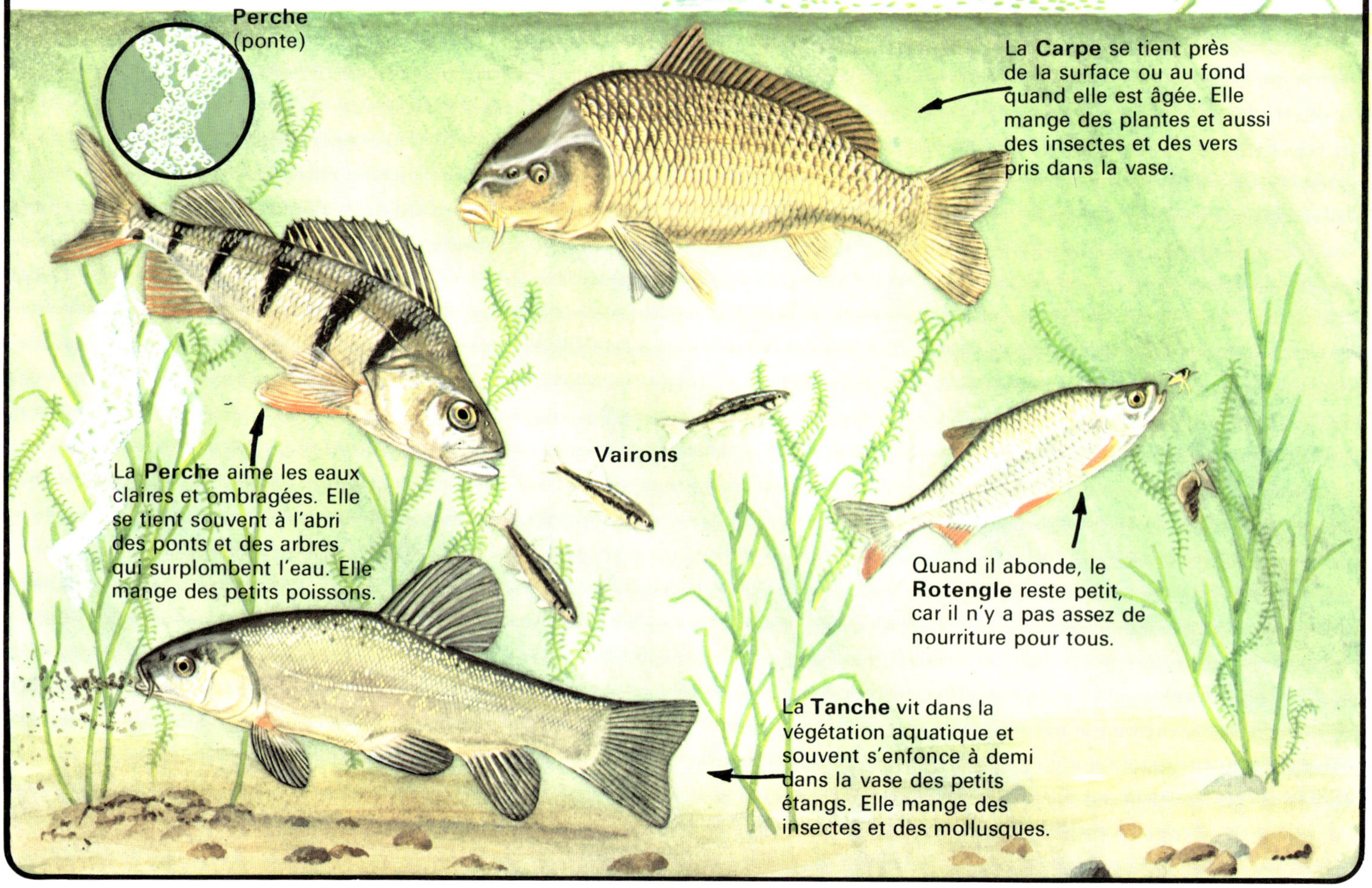

## Construction du nid

L'Épinoche vit dans les fossés et les étangs. En mai, le mâle bâtit un nid où la femelle pondra. Il assemble des morceaux de plantes avec un mucus sécrété par son corps; puis il «danse» pour attirer une femelle. Celle-ci s'éloigne après avoir pondu.
Le mâle aère les œufs en agitant ses nageoires. Après l'éclosion, il chasse les ennemis, surveille les alevins et les prend dans sa bouche pour les remettre dans le nid.

## Les poissons de la rivière

## L'Anguille

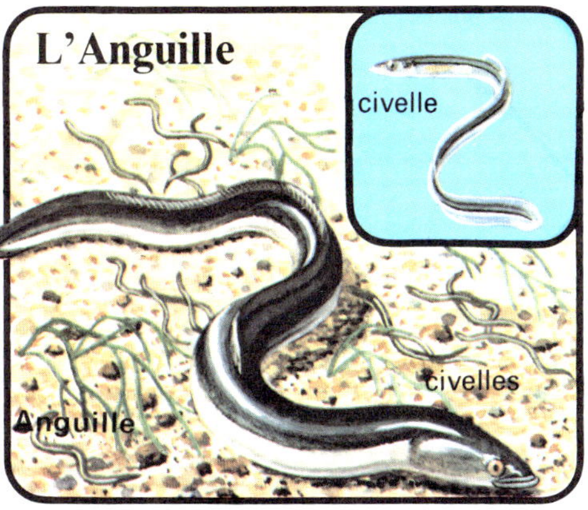


L'Anguille vit en eau douce jusqu'à l'âge de dix ans. Puis elle gagne la mer pour pondre. Elle meurt ensuite.
Les jeunes Anguilles, appelées civelles (ou piballes), font le voyage en sens inverse.

## Le Saumon

Le Saumon passe une partie de sa vie en mer et revient dans les eaux douces pour frayer. La majorité des Saumons regagnent leur rivière natale. La femelle pond jusqu'à 15000 œufs sur le fond.

# Grenouilles, crapauds et tritons

Grenouilles, Crapauds et Tritons éclosent dans l'eau mais, à l'âge adulte, séjournent longtemps sur la terre ferme. On les appelle amphibiens. Leurs larves (têtards) respirent l'oxygène dissous dans l'eau avec des branchies qui disparaissent comme la queue (sauf chez les Tritons) après la métamorphose. A ce moment, des poumons et des pattes se forment. Chez certaines espèces, les jeunes sortent de l'eau mais y reviennent pour pondre au printemps.

## Grenouilles

**La Grenouille rousse vit dans l'herbe humide et les sous-bois. Sa coloration peut varier selon la nature du milieu, et cela l'aide à échapper aux Hérissons, Couleuvres et Chouettes. Elle passe l'hiver, engourdie dans la vase d'un étang ou d'un fossé.**

## Reproduction des Grenouilles

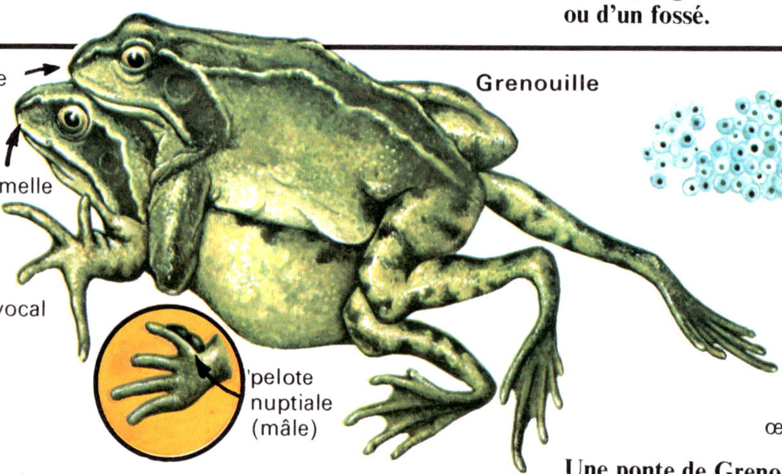


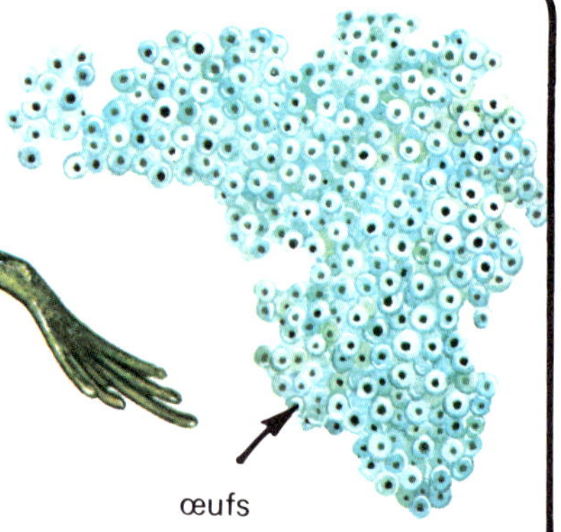


**Les Grenouilles se reproduisent dans les étangs. Les mâles attirent les femelles en coassant. Le mâle de la Grenouille verte gonfle ses sacs vocaux qui renforcent ses appels.**

**Pendant l'accouplement, le mâle s'accroche à la femelle avec ses pelotes nuptiales cornées. La femelle dépose un ruban d'œufs dans l'eau.**

**Une ponte de Grenouille compte jusqu'à 4000 œufs. La substance gélatineuse, qui les entoure, se gonfle dans l'eau et flotte à la surface. Le soleil favorise l'incubation.**

## Les métamorphoses

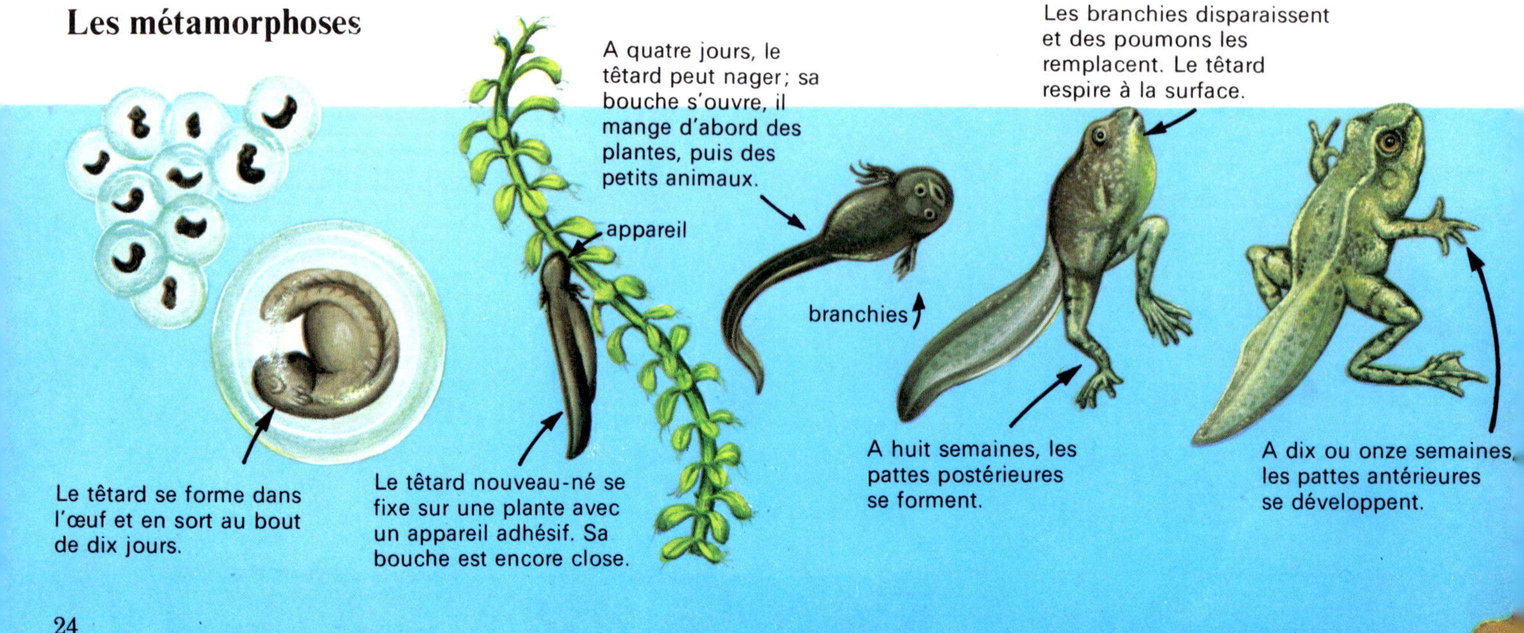

## Crapauds

Le jour, le Crapaud commun se cache dans un trou. Il chasse la nuit. Il mue plusieurs fois au cours de l'été et mange la vieille peau qui s'est détachée. Il passe l'hiver dans un terrier.

### Danger

Menacé par une Couleuvre, le Crapaud se gonfle de telle sorte que le serpent ne peut l'avaler.

### La ponte

Au printemps, les Crapauds voyagent parfois pendant dix jours pour rejoindre les étangs où ils pondront. Les œufs forment des rubans atteignant deux mètres de long.

A douze ou treize semaines, la petite Grenouille (1 cm) peut sortir de l'eau. Elle sera adulte à trois ans. Rares sont celles qui atteignent cet âge. La plupart des têtards sont mangés par d'autres animaux de l'étang.

### Tritons

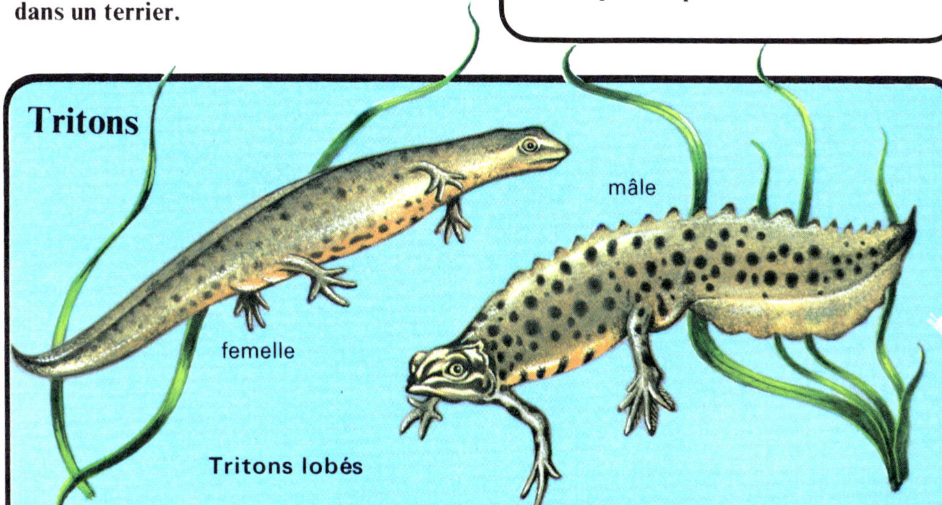


Tritons lobés

Comme les Crapauds, les Tritons passent la plus grande partie de leur vie à terre. Ils mangent la nuit et se cachent durant le jour. Ils ressemblent un peu à des lézards mais n'ont pas d'écailles. Au printemps, les Tritons vont dans l'eau. Pendant sa danse nuptiale, le mâle courbe le dos et agite la queue.

Les œufs des Tritons sont pondus isolément sur des plantes dont les feuilles sont souvent recourbées pour les protéger. Les têtards éclosent au bout de deux semaines environ. Les jeunes quittent l'eau en août, mais certains y demeurent jusqu'à l'année suivante.

# Élevage des amphibiens

## Œufs de Grenouille

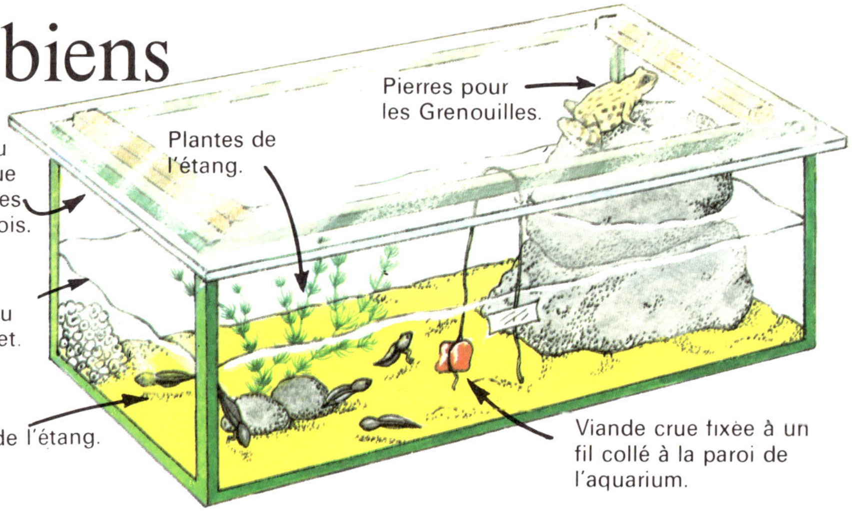


Ils sont pondus dans l'étang, en mars et en avril. Avec une épuisette, prends quelques œufs (remets les autres dans l'étang). Si des têtards sont déjà éclos, prends-en quelques-uns seulement.

Place l'aquarium dans une pièce claire, à l'abri du soleil. Change l'eau dès qu'elle sent mauvais. Quand les Grenouilles ont achevé leurs métamorphoses, remets-les dans l'étang où tu as pris les œufs. Les têtards mangent d'abord des plantes; au bout d'une semaine, donne-leur de la viande crue en supplément. Remplace la viande tous les deux jours.

## Crapauds

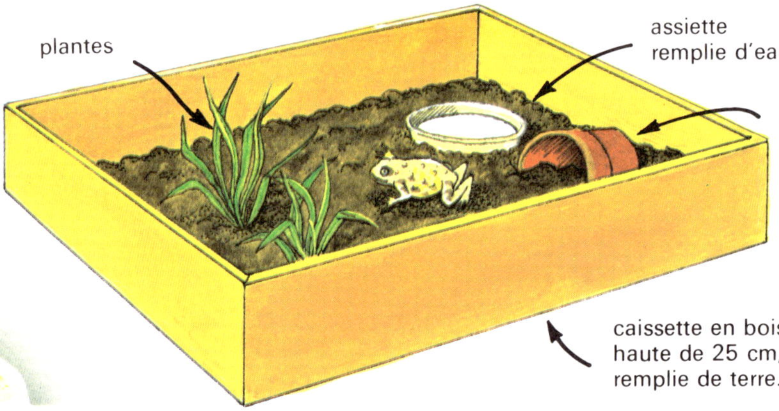


Tu en trouveras la nuit dans les étangs et les mares, en mars ou avril. Si tu entends un mâle coasser, éclaire-le avec une lampe. Il s'arrêtera quand la lumière frappera ses yeux. Emporte-le dans une boîte de plastique percée de trous et humectée à l'intérieur.

Place le Crapaud dans un terrarium (voir ci-dessus) surmonté d'un filet pour éviter que l'animal s'enfuie. Mets la caisse à l'ombre au jardin ou dans la maison.
En automne, relâche le Crapaud près de l'étang. Deux fois par semaine, donne-lui des vers de terre, limaces et insectes. Offre-lui de petits morceaux de viande au bout d'une pincette que tu agiteras un peu. Verse de l'eau fraîche dans l'assiette.

## Tritons

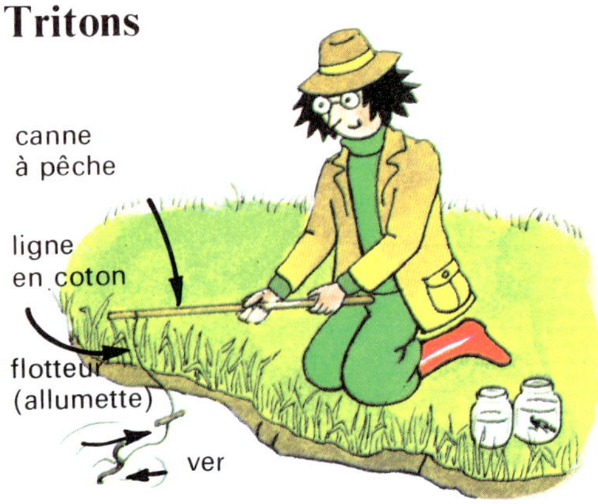

Au début du printemps, pêche quelques Tritons avec une ligne ou une épuisette. Quand l'un d'eux mord l'appât, tire la ligne. Rapporte-le chez toi dans un pot contenant un peu d'eau de l'étang.

L'aquarium des Tritons doit être dans une pièce claire. En août, relâche ton (ou tes) pensionnaire au bord de l'étang, afin qu'il trouve une cachette pour hiberner.

Si les Tritons se reproduisent et que des têtards éclosent, nourris-les avec des Daphnies prises dans l'étang. Aux adultes, tu donneras des vers et de petits morceaux de viande.

# Vers, hydres, araignées, etc.

## Vers et Sangsues

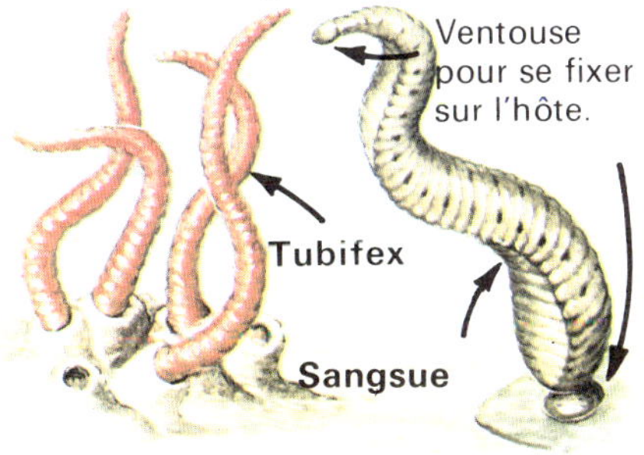


**Il y a de nombreuses espèces de Vers et de Sangsues dans les eaux douces. Les Tubifex vivent la tête en bas dans un tube de boue. Les Sangsues recherchent les poissons, grenouilles, larves et mollusques.**

## Hydres

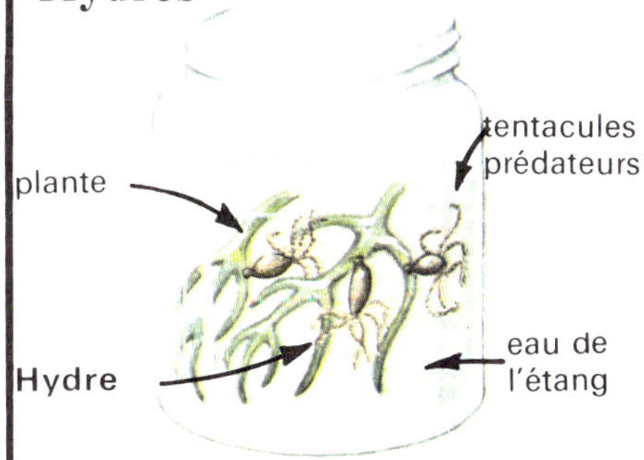


**Ces minuscules animaux se contractent s'ils sont dérangés. Place quelques plantes aquatiques dans l'eau pendant une heure pour voir s'il y a des Hydres fixées dessus.**

## Araignées et Acariens

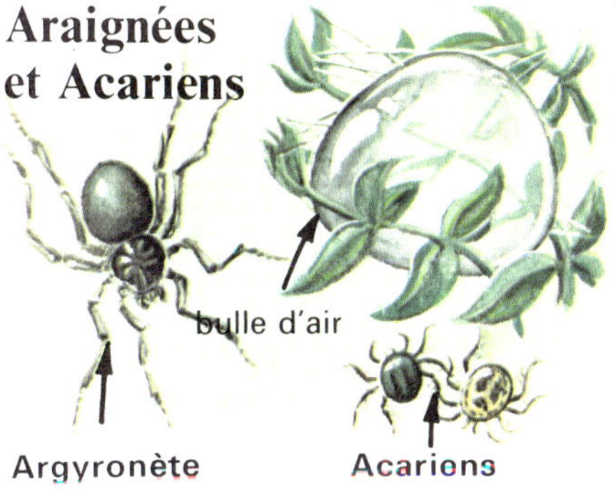


**L'Argyronète est la seule araignée qui vit sous l'eau. Elle tisse une toile entre des plantes et la remplit d'air qu'elle prend à la surface. Elle peut rester longtemps dans cette cloche à plongeur.**
**Les Acariens sont apparentés aux araignées.**

## Mollusques et crustacés

Le mâle du **Gammare** porte la femelle pendant l'accouplement. Ce crustacé vit sur la vase et sous les pierres.

Des groupes de Daphnies dérivent près de la surface.

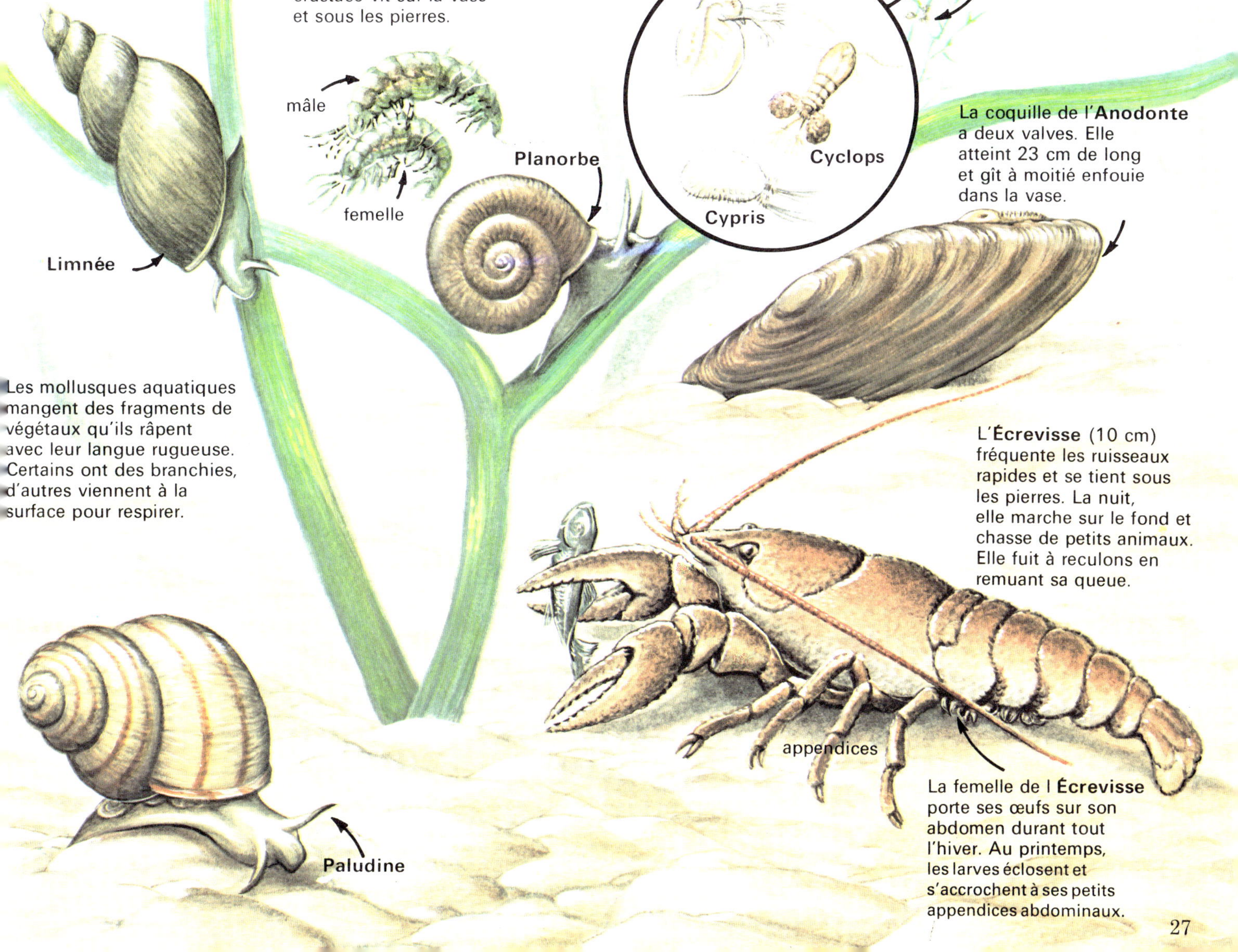


La coquille de l'**Anodonte** a deux valves. Elle atteint 23 cm de long et gît à moitié enfouie dans la vase.

Les mollusques aquatiques mangent des fragments de végétaux qu'ils râpent avec leur langue rugueuse. Certains ont des branchies, d'autres viennent à la surface pour respirer.

L'**Écrevisse** (10 cm) fréquente les ruisseaux rapides et se tient sous les pierres. La nuit, elle marche sur le fond et chasse de petits animaux. Elle fuit à reculons en remuant sa queue.

La femelle de l **Écrevisse** porte ses œufs sur son abdomen durant tout l'hiver. Au printemps, les larves éclosent et s'accrochent à ses petits appendices abdominaux.

# Autres animaux et autres plantes

## Poissons

**Gardon.** En bancs dans les eaux courantes ou dormantes. 15-30 cm.

**Loche franche**
Sous les pierres dans l'eau peu profonde. 9-15 cm.

**Loche d'étang**
Rivières bourbeuses et étangs. 20-30 cm.

**Brème**
Rivières lentes, canaux. 30-50 cm.

**Bouvière.** Pond ses œufs dans les Anodontes. 9 cm.

**Petite Lamproie**
Rivières. 10-16 cm.

**Lamproie de rivière**
Fleuves. 40-50 cm.

A la place des mâchoires, les Lamproies possèdent un disque buccal muni de dents cernées.

## Plantes

**Potamogeton crispus**
Dans l'eau des étangs au fond vaseux.

**Benoîte**
Prairies et fossés. 30-50 cm.

**Nénuphar jaune**
Fleurit d'avril à septembre.

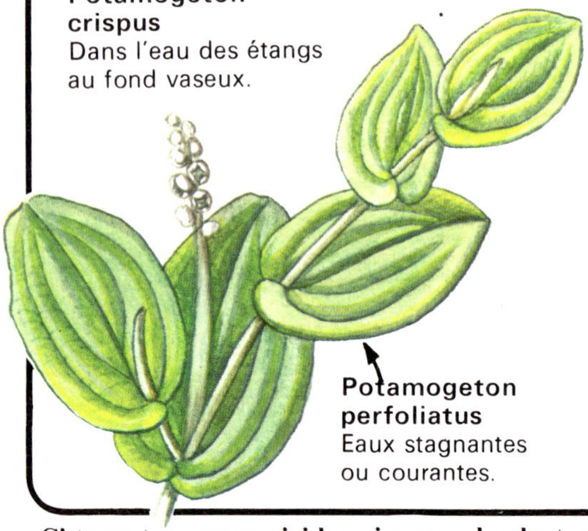

**Potamogeton perfoliatus**
Eaux stagnantes ou courantes.

**Orchis à larges feuilles**
Terrains humides. 20-40 cm.

**Prêle**
Dans l'eau peu profonde. Atteint 2 m de haut.

**Jonc des chaisiers**
Eaux dormantes et courantes. Atteint 3 m.

**Si tu ne trouves pas ici le poisson ou la plante que tu désires identifier, regarde aux pages 22-23 (poissons) ou 8-11 (plantes).**

## Crapauds

**Crapaud commun**
Le jour, se cache sous les pierres ou les racines. Fréquent dans les jardins. Femelle : atteint 12 cm. Mâle : 6 cm.

**Sonneur aux pieds épais**

**Crapaud calamite**
Lieux sablonneux et rocheux. S'abrite dans un terrier. Rare. 6-8 cm.

**Crapaud vert**
Couleur variable selon la localité. 6-9 cm.

dessous

**Sonneur à ventre de feu**

Le **Sonneur à ventre de feu** et le **Sonneur aux pieds épais** vivent dans l'eau. Ils montrent leurs vives couleurs quand ils sont effrayés. 4-5 cm.

**Pélobate brun**
Creuse avec les lames cornées de ses pattes. Répand une odeur aliacée.

## Grenouilles

**Grenouille rousse**
Lieux humides et ombragés. Taille et coloration variables. 7-10 cm.

**Grenouille ibérique**
Vit dans l'eau. France et Espagne. 6-7 cm.

**Rainette méridionale**
Près des étangs. France, Italie, Espagne. 4-5 cm.

**Rainette verte**
Dans les arbres. Pond dans l'eau. 3-5 cm.

**Grenouille verte**
Femelle plus grande que le mâle. Dans l'eau et près de l'eau. 7-10 cm.

## Tortue

**Tortue bourbeuse**
Étangs et marais. Centre et Sud de l'Europe. Atteint 36 cm.

## Tritons

**Triton crêté**
12-18 cm.

**Triton palmé**
8-9 cm.

**Triton alpestre**
7-12 cm.

## Serpents

**Couleuvre vipérine**
Souvent dans l'eau. Taches en zigzag comme chez la Vipère. Sud de l'Europe. 1 m.

**Couleuvre tesselée**
Nage très bien Sud et Centre de l'Europe. 1,50 m.

Tous ces amphibiens se reproduisent dans l'eau.

## Insectes et Larves

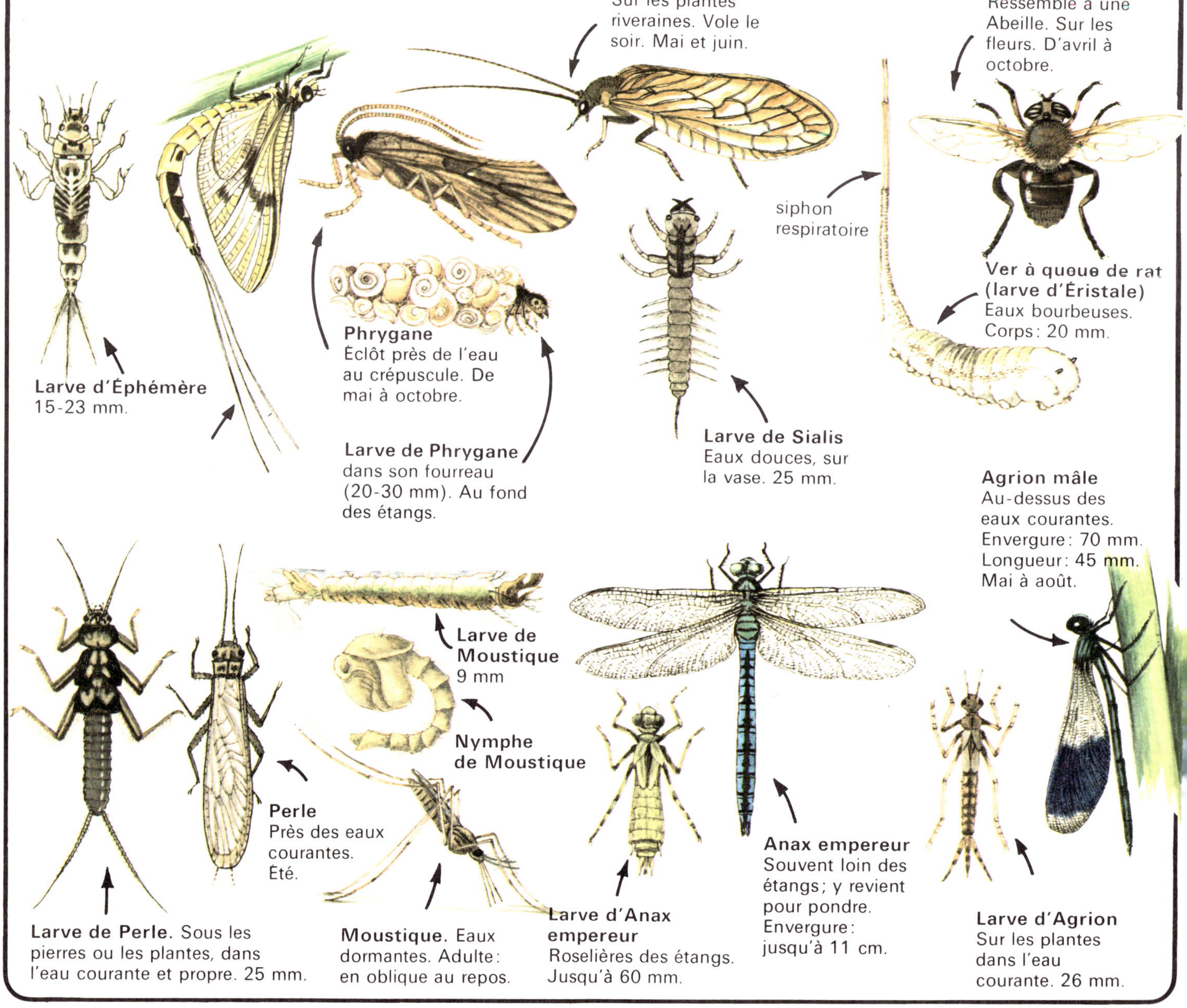


## Coléoptères

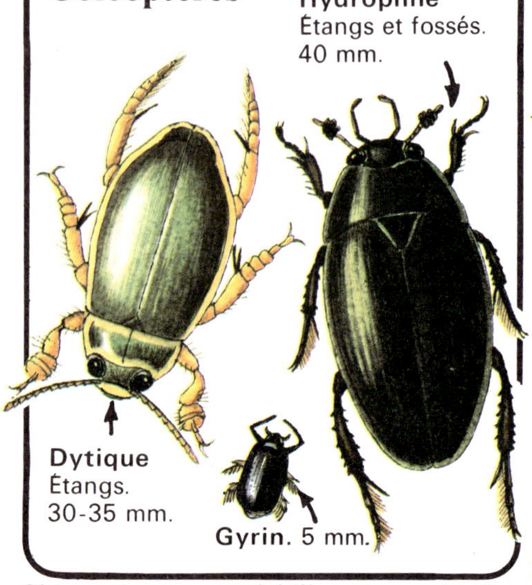


## Hémiptères

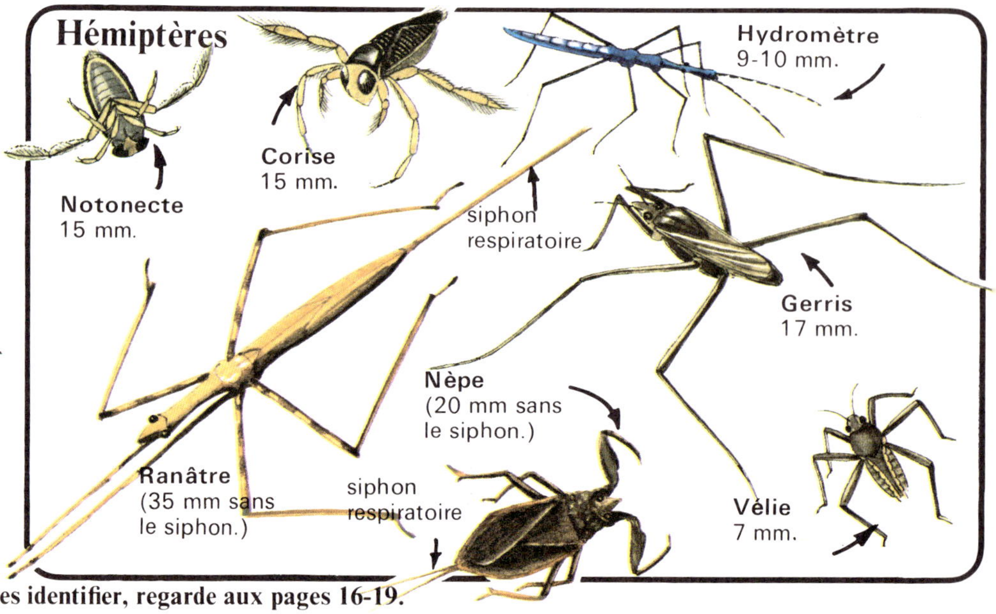


**Si tu ne trouves pas ici l'insecte que tu désires identifier, regarde aux pages 16-19.**

## Oiseaux

Longueur : du bec au bout de la queue.

**Héron cendré**
Niche dans les arbres. Pêche dans l'eau peu profonde et les marais. 90 cm.

**Balbuzard**
Pêche en plongeant. Rare ; de passage. 51-58 cm.

**Canard colvert**
Le plus commun. Très nombreux hivernants. 58 cm.

mâle

femelle

caneton

**Grèbe huppé**
Grands étangs et lacs. Hiverne aussi sur les côtes. 48 cm.

hiver

été

**Sarcelle d'hiver**
Le plus petit canard européen. 35 cm.

femelle

mâle

**Foulque**
Vit en troupes après la nidification. Bec et front blancs. 38 cm.

poussin

**Poule d'eau**
Commune. Plumes blanches sous la queue. 33 cm.

poussin

**Bécassine des marais**
Dans la végétation riveraine. Se nourrit sur les vasières. Bec long et droit. 27 cm.

**Mouette rieuse**
Pas de capuchon brun en hiver. 35-38 cm.

été

hiver

**Râle aquatique**
Se cache dans la végétation palustre. 28 cm.

**Marouette ponctuée**
Corps taché de blanc. Se nourrit le soir près de l'eau. Très furtive. 23 cm.

**Hirondelle de cheminée**
Visiteur d'été. Capture des insectes en volant. 19 cm.

**Bergeronnette flavéole**
(Ouest de la France). Autres races européennes ci-dessous. 16,5 cm.

**Bergeronnette grise**
Europe continentale.

**Bergeronnette printanière**

Scandinavie

Italie, Espagne et France.

**Bergeronnette des ruisseaux**
Au bord des torrents et ruisseaux rapides. 18 cm.

**Bergeronnette de Yarrell**
Grande-Bretagne. 18 cm.

**Bruant des roseaux**
Près des rivières et des étangs. 15 cm.

femelle

mâle

**Si tu ne trouves pas ici l'oiseau que tu désires identifier, regarde aux pages 12-15.**

## INDEX